Social Work in the Era of Diversity
Professional Educational Program for Supporting Migrants and other Minorities
Viktor Virág

多様性時代の
ソーシャルワーク
外国人等支援の専門職教育プログラム

ヴィラーグ ヴィクトル 著

中央法規

Szüleimnek

"No culture can live if it attempts to be exclusive."

M.K.Gandhi

どんな文化も排他的であろうとすれば生き残れない。

M.K.ガンジー

まえがき

　本書の背景にある筆者の研究動機は，次のような問題意識に由来しました。

　日本の対人援助分野の研究者は，海外のアプローチを国内に取り入れる際に，非常に慎重になっている場合があります。例えば，ヒトを生物学的に同じ種として，即ち身体をほぼ同じように考えている医学でさえ，海外発祥の治療法を日本の患者に調整するために努力を重ねています。まして，専門的なソーシャルワークの視点によれば，人間は社会との相互作用によって様々な影響を受けてきている中で成り立っています。従って，社会が異なれば，人間も異なるという考えに基づいて，海外の支援方法を日本に導入するにあたり，社会福祉学の研究者が最大限の注意を払う傾向にあります。なぜならば，生まれ育った社会・文化的な環境によって，価値や意識などの世界観，そしてそれに基づく行動及び生活様式が大幅に異なるからです。

　しかし，日本に生活しているにもかかわらず，日本文化を継承していないクライエントはどうでしょうか。無論，文化的な少数者について考える場合，周囲による文化的な対応と同時に，本人の文化的な適応のバランスが問われます。ただし，後者だけを求めることを同化主義と呼び，国際的には多文化主義，国内的にいえば多文化共生の視点から否定されているイデオロギーになってしまいます。それのみでなく，ソーシャルワーク実践に欠かせないラポール形成の側面や自立支援に向けた動機付けの側面からみても，しばしば逆効果になりやすいです。

　それにもかかわらず，日本の社会福祉教育，とりわけ社会福祉士の国家資格を有するソーシャルワーク専門職の養成は「日本人のワーカー」が「日本人のクライエント」の援助を行うという前提で行われてきたといえます。ところが，本書の第1章でみていくように，日本には文化的なマイノリティは少なくとも明治時代から存在し，社会福祉的な課題も多く抱えています。先

住民族アイヌや在日コリアンの存在と彼／女らを取り巻く諸問題を思い浮かべることができるでしょう。そして，日本の専門的なソーシャルワーク教育のこのような現状は，第1章で明らかにするように，国際専門職団体が2004年に採択したソーシャルワーク教育のグローバル基準の文化に関する規定にも対応できていないと言わざるを得ないかもしれません。

　実は，このようなアプローチを英語圏ではカラーブラインド（colorblind，色識別困難）と呼んできました。例えば，アメリカの場合なら，ヨーロッパ系ワーカーがあたかも肌の色の違いが見えていないかのように，それを無視してアフリカやアジア系のクライエントを自分の人種と同じように扱う援助の仕方を指しています。もちろん，人種を理由に不利益をもたらす差別をすることは論外ですが，クライエントの最善の利益を目指して最も合った援助法を探るために，民族と文化を区別することが極めて重要です。なぜならば，文化自体と，マイノリティとしておかれている社会的な立場，またこれらに起因するニーズが異なるからです。

　このように，全てのクライエントを同じように扱うことは一見して平等に見えますが，決して適切で，公平ではありません。むしろ，文化の異なるクライエントの特有のニーズを無視することになり，かつマイノリティとしての被抑圧・格差状態の固定化に繋がってしまうことになります。そのために，異なる文化に対応でき，その文化からみて最適の支援を提供できるソーシャルワーク実践が必要です。

　上述のようなソーシャルワーク実践に先立ち，そのための専門職教育が求められており，本書の取り組み課題となりました。

謝辞

　筆者は高等教育と人間形成の過程において，本書を捧げる母と父をはじめとして，数々の人々にお世話になりました。今まで，特に本書の執筆に向けてご支援・ご協力を頂いた全ての方々に深く感謝しており，こちらでお名前を示したい次第でございます。

　しかし，紙面の関係上，出会いに恵まれ，長年に渡って様々な影響を受け，支えて頂かなければ，本書も現在の自分も存在しないであろうという特筆すべき先生方及び人生の大先輩方は，以下のようになります（出会い順，ご所属は出会った当初のまま，敬称略）。

伊東　隆作	Károli Gáspárカルヴァン派大学	
山口　幸夫	日本社会事業大学	
植村　英晴	日本社会事業大学	
吉成　勝男	Asian People's Friendship Society	
北島　英治	東海大学	
斉藤　シンイチ	武蔵野市	

　この場をお借りして，心よりお礼を申し上げます。また，度々ご迷惑をおかけしてきたことも事実です。その折は，大変申し訳ございませんでした。

　この度，お名前を掲載できなかった皆様に対してもお礼を申し上げます。本当にありがとうございました。

　そして，これからも宜しくお願い致します。

お断り

本書について

・本書は日本社会事業大学における著者の博士論文を基に制作しています。

・本書の文体は，原則，欧文の文献の記載方式を含め，著者が所属している日本社会福祉学会による2015年8月現在の執筆要領に準じるように整理されています。

・英語表記については，米国の綴り等を基本としますが，国際組織等の固有名詞や直接引用において英国式英語のまま使う場合があります。

本書に関わる研究費助成について

本書には，以下の助成研究の成果の一部が掲載されています。

文部科学省・日本学術振興会（2009-11年度）科学研究費助成事業基盤研究A「アジア型ソーシャルワーク教育の標準化と国家資格の互換性に関する研究」大橋謙策代表（課題番号：21243037）

文部科学省・日本学術振興会（2011-12年度）科学研究費（特別研究員奨励費）助成事業「日本における多文化ソーシャルワーク教育プログラムの構築」Virag Viktor代表（課題番号：239410）

日本社会事業大学社会事業研究所（2010年度）国際共同研究事業先進国研究「欧米の多文化ソーシャルワーク先進事例研究」八木ありさ代表

日本社会事業大学社会事業研究所（2011年度）国際共同研究事業先進国研究「欧州の交流協定校との国際共同研究」山口幸夫代表

多様性時代のソーシャルワーク ●目次
——外国人等支援の専門職教育プログラム

まえがき ————————————————————————— i

謝辞 ——————————————————————————— iii

お断り —————————————————————————— iv

  本書について／iv

  本書に関わる研究費助成について／iv

序 章｜本書の全体像 ——————————————————— 1

 1 本書の総合的な目的 ……………………………………… 1

 2 本書の全体構成 …………………………………………… 3

—— 第Ⅰ部｜実証的な教育実験のための基盤研究 ——

第1章｜文化の多様性に対応したソーシャルワーク教育の意義 ————————————————————— 8

 1 本章の概要 ………………………………………………… 8

  1 本章の研究目的／8

  2 本章の研究枠組みと方法／9

  3 本章における倫理的配慮／9

 2 本章の結果 ………………………………………………… 9

  1 グローバル及び日本社会の文化的な多様化とそれに伴うニーズ／9

2　文化の多様性に関する国内外のソーシャルワーク
　　　　諸基準／20

　　3　本章の考察 ……………………………………………………………… 28

　　　1　日本社会における文化的な多様化と周縁化／28
　　　2　文化的に多様な人々のニーズを理解する理論モデル
　　　　／31
　　　3　文化の多様性に対応できる日本の専門教育の必要性
　　　　／34

　　4　本章の結論：多様化と周縁化が進む中，関連基準
　　　を満たす教育が必要 ……………………………………………… 36

第2章 | 文化の多様性に関するソーシャルワーク理論 及び先行研究 ——————————— 41

　　1　本章の概要 ……………………………………………………………… 41

　　　1　本章の目的／41
　　　2　本章の研究枠組みと方法／42
　　　3　本章における倫理的配慮／42

　　2　本章の結果 ……………………………………………………………… 42

　　　1　文化の多様性に関する国外のソーシャルワーク理論
　　　　の動向／42
　　　2　文化の多様性に関する国内の研究動向／60

　　3　本章の考察 ……………………………………………………………… 70

　　　1　国内外動向の比較検討／70
　　　2　文化的な力量アプローチの採用の必要性／72
　　　3　「文化」の概念的な理解／73

　　4　本章の結論：構造的な要因への配慮と構築主義的
　　　な概念理解が必要 ………………………………………………… 75

　　5　総合的な枠組みとなる基礎用語の整理 …………………… 75

第3章 │ 文化の多様性に対応した専門職育成の国際比較 ── 85

1 本章の概要 ·· 85

　　1　本章の目的／85

　　2　本章の研究枠組みと方法／86

　　3　本章における倫理的配慮／88

2 本章の結果 ·· 89

　　1　文化の多様性に関する諸外国のソーシャルワーク
　　　実践基準／89

　　2　文化の多様性に関する諸外国のソーシャルワーク
　　　教育基準／99

　　3　文化の多様性に関する諸外国のソーシャルワーク
　　　教育実態／105

3 本章の考察 ·· 118

　　1　諸外国で採用されている本分野の教育方法の特徴／
　　　118

　　2　ソーシャルワーク教育のグローバル基準との比較検
　　　討／119

4 本章の結論：文化的な自己及び他者認識を促す参
　　加的学習が必要 ·· 122

─────── 第Ⅱ部 │ 文化的な力量に関する
　　　　　　　　　 実証的な教育実験の準備 ───────

第4章 │ 文化的な力量の測定ツールの作成 ─────── 128

1 本章の概要 ·· 128

　　1　本章の目的／128

　　2　本章の研究枠組みと方法／129

　　3　本章における倫理的配慮／129

2 本章の結果 ·· 129

　　1　文化的な力量を測る測定ツールの選択／130

2　文化的な力量の自己アセスメント・テストの翻訳／
　　　　134

　　　3　文化的な力量の自己アセスメント・テストの日本語
　　　　版の尺度検討／ 135

　　3　本章の考察 ‥‥‥‥‥‥‥‥‥‥‥‥‥‥‥‥‥‥‥‥‥‥‥‥‥‥‥‥‥‥‥‥ 139

　　　1　文化的な力量の自己アセスメント・テストの日本語
　　　　版の信頼性／ 139

　　　2　文化的な力量の自己アセスメント・テストの日本語
　　　　版の妥当性／ 139

　　　3　自由記述の分析／ 141

　　4　本章の結論：文化的な力量を測る初めての
　　　日本語版テストが完成 ‥‥‥‥‥‥‥‥‥‥‥‥‥‥‥‥‥‥‥‥‥‥ 143

第5章 | 文化的な力量を促す教育プログラムの作成 ── 144

　　1　本章の概要 ‥‥‥‥‥‥‥‥‥‥‥‥‥‥‥‥‥‥‥‥‥‥‥‥‥‥‥‥‥‥‥‥ 144

　　　1　本章の目的／ 144

　　　2　本章の研究枠組みと方法／ 145

　　　3　本章における倫理的配慮／ 147

　　2　本章の結果 ‥‥‥‥‥‥‥‥‥‥‥‥‥‥‥‥‥‥‥‥‥‥‥‥‥‥‥‥‥‥‥‥ 147

　　　1　教育プログラムの導入編（2時間）／ 147

　　　2　教育プログラムの認識編（4時間）／ 148

　　　3　教育プログラムの知識編（2時間）／ 151

　　　4　教育プログラムの技術編（4時間）／ 153

　　3　本章の考察 ‥‥‥‥‥‥‥‥‥‥‥‥‥‥‥‥‥‥‥‥‥‥‥‥‥‥‥‥‥‥‥‥ 160

　　4　本章の結論：国際的に通用する理論に沿った
　　　プログラム案が完成 ‥‥‥‥‥‥‥‥‥‥‥‥‥‥‥‥‥‥‥‥‥‥‥‥ 161

第Ⅲ部 | 文化的な力量に関する実証的な教育実験による介入研究

第6章 | 文化的な力量に関する教育実験の量的分析 ——— 164

1 本章の概要 ··· 164

 1 本章の目的／164
 2 本章の研究枠組みと方法／165
 3 本章における倫理的配慮／165

2 本章の結果 ··· 165

 1 本教育実験の概要／166
 2 本教育実験の成果に対する量的分析の結果／167

3 本章の考察 ··· 179

4 本章の結論：文化的な力量を促す教育効果を
量的に検証 ··· 181

第7章 | 文化的な力量に関する教育実験の質的分析 ——— 183

1 本章の概要 ··· 183

 1 本章の目的／183
 2 本章の研究枠組みと方法／184
 3 本章における倫理的配慮／184

2 本章の結果 ··· 184

 1 本教育実験の成果に対する質的分析の概要／185
 2 本教育実験の成果に対する質的分析の結果／186

3 本章の考察 ··· 207

 1 プログラムの効果／207
 2 プログラムの評価／209
 3 その他／210

4 本章の結論：複数の教育効果とプログラムの評価
を質的に検証 ··· 211

目次

ix

終　章｜本書の全体的な結論 ————————————————— 213

1 本書の総合的な考察 ————————————————————— 213

2 本書の総合的な結論：効果的なプログラム作成が
成功 ——————————————————————————————— 214

3 本書の限界と将来の展望：多様性の幅の拡大に
向けて ————————————————————————————— 215

4 むすび：普及と社会福祉士養成への導入を
長期目標に —————————————————————————— 216

付　録 ————————————————————————————————— 219

1—1 文化的な多様性に関するソーシャルワーク教育
のグローバル基準（英語原文及び和訳）／ 220

3—1 オーストラリアにおける文化の多様性に関する
ソーシャルワーク教育基準（詳細項目の和訳の
み）／ 225

4—1 ラムによる文化的な力量の自己アセスメント・
テストの日本語版／ 228

5—1 文化的な力量に関する教育プログラムの導入編
（バリアフリー様式）／ 234

5—2 文化的な力量に関する教育プログラムの認識編
（合計９ワーク）／ 238

5—3 文化的な力量に関する教育プログラムの知識編
（バリアフリー様式）／ 249

5—4 文化的な力量に関する教育プログラムの技術編
（バリアフリー様式）／ 253

6—1 介入後測定の調査票／ 258

あとがき ————————————————————————————————— 260

序　章｜本書の全体像

本章の要旨

本書では，まえがきで示した問題意識から，異文化間ソーシャルワーク実践に関する国内の専門分野の本格的な確立と社会福祉士国家試験カリキュラムへの将来的な導入に向けて，実証的な効果測定も含めた研究基盤を提供することを目指した。そのために，本書全体の目的及び構成は以下の通りである。

1 ｜本書の総合的な目的

　本書の総合目的を「日本における文化的に多様な人々に対応できる能力，即ち文化的力量（cultural competence）をもつソーシャルワーク専門職の効果的な教育プログラムの構築」とした。

　全米ソーシャルワーク教育協議会（Council on Social Work Education, CSWE）は最新の教育方針及び学校認可基準において，【多様性】について「その諸次元は年齢，階層，肌の色，文化，障がい，民族，ジェンダー，ジェンダー・アイデンティティ及び表現，在留資格，政治的イデオロギー，人種，宗教，性別，性的指向を含む複数要因の重複として理解される（筆者訳）」という定義を述べており，様々な要素を含めている（CSWE 2008：4-5）。しかし，本書では，狭義の文化，即ち民族にのみ焦点を当てる。同じくアメリカの全米ソーシャルワーカー協会（National Association of Social Workers, NASW）は，文化的な力量に関する指針声明において，【文化】を「考え方，コミュニケーション方法，振る舞い方，習慣，信仰，価値観と，人種・民族・宗教的な社会集団の慣例を含む人間の統合的な行動様式である（筆者訳）」と定義している（NASW 2000：61）。また，NASWは【文化的

な力量】そのものを，それに関する実践基準において，「専門家個人及び組織が全ての文化，人種，言語，階層，民族的背景，宗教，その他の多様性要因の人々に敬意をもって，かつ効果的に対応する過程であり，その進め方において個人，家族，コミュニティの価値が容認及び肯定され，全ての人々の尊厳が保護及び保障される（筆者訳）」と定めている（NASW 2001：11）。なお，このような基礎概念の詳しい整理は第2章の先行研究の検討を中心に後述する。そして本書の総合目的は以下の特徴をもつ。

　第一に，【専門職】に注目する。実際に，総務省のリードの下で自治体等における「多文化ソーシャルワーク」の非専門職養成が数年前より始まっている。このような無資格の実践者を育てる地域レベルの研修講座[1]は，専門性の問題の他に修了者の雇用と身分保障の課題も残る。従って，本書では非正規のソーシャルワーカーを対象外とし，正規のソーシャルワーカー，即ちこれから社会福祉士の国家資格の有資格者になるために，特に厚生労働省の管轄内で行われている大学等における専門職育成を重点的に扱う。また，スキルアップのための現職者の生涯研修も扱わない。このようなものは，既に職能団体によって開催されてきている。日本社会福祉士会は，当事者研究者（R.ムース）の指摘を受け止め，2005年に滞日外国人支援委員会を発足させた。本委員会は定期的に2日程度の滞日外国人ソーシャルワーク研修を実施している。例えば，2008年に受講者を対象とした調査では，求められている支援は医療（22.3%），通訳（16.5%），生活保護（14.4%），家庭内暴力からの保護（12.2%）と並んでいる（日本社会福祉士会 2009a：39）。そして，2009年に47都道府県支部を対象に実施した調査では，必要性を感じていないのは12支部のみで，実際に関連活動に取り組み中は5支部，検討中は3支部であった（日本社会福祉士会 2009b）。しかし，全国の会員を対象とした

1）特に，愛知県，神奈川県，群馬県の取り組みを取り上げることができる。また，この類の人材養成について日本社会福祉士会が2014年に詳しく調査している（日本社会福祉士会 2015）。

序章　本書の全体像

2

調査では，既に10年程前に学問的基盤，援助方法の構築の必要性が指摘されている（日本社会福祉士会 2006：9）。これは，本書の次の特徴に繋がる。

　第二に，本書では実証的に測定可能な【効果的】な教育プログラムを目指している。そのため，国際的に通用する理論的な基盤を踏まえ，測定ツール及び教育プログラムの開発と実験型の介入研究まで含む。

　最後に，上記の各種取り組みと異なり，移民や外国系住民のみでなく，【先住民】，殊に北海道に先住していたアイヌにも焦点を当てる。その理由として，第1章で紹介するソーシャルワークの新しいグローバル定義をはじめとし，この分野の国際スタンダードと違って，日本では主要な研究者等でさえ，先住民族について見過ごしてきた事実を取り上げることができる（IFSW他 2014）。

2 ｜ 本書の全体構成

　本書は次頁の図の通りに構成されている。第Ⅰ部は実証研究に向けた基盤研究（既存データや先行研究の整理，先駆的事例の海外調査），第Ⅱ部は実験研究に必要な材料の準備（測定テスト，教育プログラム），第Ⅲ部は教育実験の結果報告（量・質的分析）から成り立っている。

序章　本書の全体像

図　本書の構成

```
                    序章　本書の全体像
                    総合目的，構成
```

第Ⅰ部　実証的な教育実験のための基盤研究

（各章の結論）

第1章　文化の多様性に対応したSW教育の意義
多様化と周縁化にみるニーズ上昇，国内外の専門基準の比較

> 日本における教育の必要性

第2章　文化の多様性に関するSW理論及び先行研究
国際及び国内研究動向の整理，国内外動向の比較

> 文化的力量モデルの採択

第3章　文化の多様性に対応した専門職教育の国際比較
先駆的な専門基準，カリキュラム例，教育方法の比較

> 文化的認識の重視

第Ⅱ部　文化的な力量に関する実証的な教育実験の準備

第4章　文化的な力量の測定ツールの作成
測定ツールの選択，テストの翻訳，信頼性・妥当性の検討調査

> 力量測定テストの確定

第5章　文化的な力量を促す教育プログラムの作成
理論的枠組みに沿って導入・認識・知識・技術編の設定

> 教育プログラムの確定

第Ⅲ部　文化的な力量に関する実証的な教育実験による介入研究

第6章　文化的な力量に関する教育実験の量的分析
文化的力量向上を示す測定データの検討

> プログラム効果の確認

第7章　文化的な力量に関する教育実験の質的分析
プログラムの効果と評価を示す自由記述データの検討

> プログラム効果の確認

```
                    終章　本書の全体的な結論
                    総合考察，総合結論，本書の限界と将来の展望
```

※　SWはソーシャルワークの略

本章の引用文献（ABC順）

CSWE (2008) *Educational Policy and Accreditation Standards*, Council on Social Work Education.

IFSW, IASSW (2014) *Global Definition of the Social Work Profession*, International Federation of Social Workers, International Association of Schools of Social Work.

NASW (2000) *Social Work Speaks (NASW Policy Statements): Cultural Competence in the Social Work Profession*, National Association of Social Workers.

NASW (2001) *NASW Standards for Cultural Competence in Social Work Practice*, National Association of Social Workers.

日本社会福祉士会（2006）『滞日外国人支援の支援策について』日本社会福祉士会.

日本社会福祉士会（2009a）『異文化課題と各国のソーシャルワーク対応―多文化共生社会の構築を目指して（アジア太平洋国際ソーシャルワークセミナー冊子）』日本社会福祉士会.

日本社会福祉士会（2009b）『滞日外国人ソーシャルワーク研修レジュメ集』日本社会福祉士会.

日本社会福祉士会（2015）『滞日外国人支援に携わる人材の養成に関する調査研究』日本社会福祉士会.

第Ⅰ部
実証的な教育実験の
ための基盤研究

第Ⅰ部では，実証的な研究のための基盤研究を行った。第1章では，本書の意義を示す統計等の既存資料を整理した。第2章では，国内外の先行研究をレビューした。第3章では，先駆的な事例に学ぶために，諸外国の海外調査を実施し，国際比較を行った。

第1章 文化の多様性に対応した ソーシャルワーク教育の意義

本章の要旨

本章では，本書の総合目的である「日本における文化的に多様な人々に対応できる能力，即ち文化的力量（cultural competence）をもつソーシャルワーク専門職の効果的な教育プログラムの構築」の必要性，つまり研究の意義を示すことを目的とした。そのため，研究の社会的及び専門的背景を把握した。具体的には，結果では文献及び資料調査を基に，文化的に多様な人々に関する既存統計と，文化の多様性に係る専門的なソーシャルワーク実践及び教育に関する国内外基準について整理した。考察を通じて，数量データからは，日本社会の文化的な多様化と文化的に多様な人々の周縁化が浮き彫りになった。また，ソーシャルワーク専門職の国内外の諸基準の比較からは，結論として，文化の多様性に関する各種専門基準を満たす教育が必要であることが明らかになった。

1 本章の概要

本章では，以下の目的，研究枠組みと方法等に沿って研究を進めた。

1 本章の研究目的

研究全体の総合目的は「日本における文化的に多様な人々に対応できる能力，即ち文化的力量（cultural competence）をもつソーシャルワーク専門職の効果的な教育プログラムの構築」である。それに向けて，本章では研究の背景にある社会的及び専門的な文脈を整理し，研究の意義と必要性を裏付けることを目的とした。

第Ⅰ部　実証的な教育実験のための基盤研究

2 | 本章の研究枠組みと方法

　社会における文化的多様性の国内外の現状と動向を把握し，専門的なソーシャルワークにおいて文化的な多様性に係る国内外の諸基準についてまとめるために，研究の対象は既存の統計データと機関報告書，その他の資料と文献とした。

3 | 本章における倫理的配慮

　本章は資料・文献調査による研究であり，学術誌『社会福祉学』の投稿規程及び日本社会福祉学会研究倫理指針における引用等に関する規定に従った。

2 | 本章の結果

1 | グローバル及び日本社会の
文化的な多様化とそれに伴うニーズ

　本項では，前提となる国際的な文脈を整理してから，日本における文化的な多様化の現状と文化的に多様な人々の諸課題について数量データを基に述べる。

A | 世界中の国際移住と先住民族の実態

　グローバル化に伴い，世界中の国々が文化的に多様化している。従来の先住民族（indigenous people）や少数民族（ethnic minority）のような歴史的マイノリティ（historical minority）[2]に加え，国際移住する移民（migrant）[3]も急速に増えている。

この傾向について，国連の経済社会局は次のような最新データを集約している（UNDESA 2013a）。2013年に世界の移民人口は2.32億人に上り，2000年と比べると，5700万人（33％）の増加を示した。世界人口の大よそ3.2％（約31人に1人）は移民で，2000年の2.8％（約36人に1人）を上回っている。国連が定義している先進国だけでみれば，移民は平均して各国総人口の10.8％（約9人に1人）を占めている。また，世界中の移民の約7％（1570万人，移民約14人に1人）が難民である[4]。これらの移民の59％は先進国に生活している。地域別にみると，アジアの移民人口は7100万人で，ヨーロッパの7200万人に次いで2位であり，2000年からの年間増加率は2.6％である。グローバルな規模でみると，移民の48％は女性であるが，アジアでは男性移民の女性を上回る増加（年間3.1％対1.9％）により，58.4％を男性が占めている。移民の74％は労働年齢（20歳と64歳の間）であり，アジアの移民の平均年齢は全世界より低い（33.6歳対38.4歳）。

　同じく国連経済社会局は，他の報告でこのような大規模の国際移住時代における各国政府の取り組みについてまとめている（UNDESA 2013b）。2011年の時点で，世界中の国々の62％が外国籍住民の統合に向けた何らかの政策を設けている（1996年の44％より大幅増）。先進国だけでみた場合，この割合は91％となっている。そして，144ヶ国は在外国民についてデータ収集を行い，114ヶ国はこれらの国民及びその家族のために特別対策部門を政府機関に設置している。

　文化の多様性の視点から，移民等に加え，先住民族や少数民族の把握も必要である。後者については各国における定義が大きく異なり，世界的な集計

2）国境線の歴史的な変化等に沿って社会の一部となった人々。日本の歴史的なマイノリティとして，例えば先住民族アイヌや在日コリアンに象徴される旧植民地出身者及びその子孫を取り上げることができる。
3）国連は出身国以外の国に移住し，1年以上の長期滞在をする人々としている。
4）国連の難民条約が示している規準に当てはまる者（即ち，出身国において，人種，宗教などの各種社会的属性を理由に，迫害を受ける可能性のある人々）。

第Ⅰ部　実証的な教育実験のための基盤研究

データが入手困難であるが，前者は国連先住民族常設フォーラムの推測で約70ヶ国に広がって3.7億人を超えており，世界人口の5.4％強（約18人に1人）に相当する（UNFPII 2009）。国際先住民族作業グループは先住民系部族の数を世界中で5000以上とし，先述の世界先住民族人口の内，約2.6億人はアジアにいる。

B｜日本社会における文化的に多様な人々の現状

　上述の世界規模の文化的多様性の実態において，日本は次のように位置付けられる。世界銀行のランキングでは，日本は2011年の時点で移民受け入れ国として移民人口で比較して世界22位（約220万人）である[5]（World Bank 2011：1，15）。これを2009年に移民の出身国への仕送りの送金元国としてみた場合，仕送り金額の順で世界18位（約41億米ドル）になる。また，アジア開発銀行，国際労働機関と，主要な先進国を組織している経済協力開発機構（OECD）の調べによれば，2012年にアジアからの移民の受け入れ国として，OECD加盟国の中で日本はアメリカと韓国に次いで3位（22.5万人）である（ADBI, ILO, OECD 2015：6）。これは前年より25％の増加で，OECD諸国へのアジア発移民の14.3％に相当する。OECDの国際移住に関する報告書では，2013年に日本への永住移民（permanent immigrant）の受け入れ規模が約6万3600人である（OECD 2014：268-269）。そして，2012年に約6万3500人の移民が就労目的で入国し，前年より22.7％の増加を示している。これに伴う扶養家族の移住は2万700人で，13.7％増えた。また，同時に6万8000人の技能実習生も入国している。同じく2012年の外国籍者

5）日本では行政が移民を制度的に定義しておらず，在留外国人，即ち外国籍住民の統計のみ提供されている。これは，欧米諸国で一般的になっている「外国出身住民」という位置付けと多少異なるデータになるが，同定義に基づいたデータがない以上，比較に使われることが多い。実質的に日本では，例えば帰化者，国籍取得者等が統計から外れることになる。

第1章　文化の多様性に対応したソーシャルワーク教育の意義

人口（foreign population）全体の受け入れ規模は約30万3900人であり，その国籍別上位10ヶ国は中国，韓国，アメリカ，ベトナム，フィリピン，タイ，インドネシア，台湾，ブラジル，インドである。最後に，2013年の庇護希望者（日本の行政用語では難民認定申請者）は3260人で，出身国はトルコ（クルド民族），ネパール，ミャンマー，スリランカ，パキスタン，バングラデシュ，インド，ガーナ，カメルーン，ナイジェリアと並んでいる。

　国際比較報告書で公開されている上記以外に，より詳細なデータを国内では入国管理局等が集計している。法務省による最新公表データでは，2014年末現在の在留外国人数は，212万1831人（総人口の約1.7%，約59人に1人）で，前年末に比べ5万5386人（2.7%）増加している（法務省 2015a）。これは，比較すると，例えば札幌市の人口を超える規模である。その推移をみると，リーマンショック及び東日本大震災による微減を経て復活し，長期的に増加傾向がみられる。上位2国籍（中国，韓国・朝鮮[6]）は全体の54.5%，上位5国籍（中国，韓国・朝鮮，フィリピン，ブラジル，ベトナム）は全体の77.8%を占めている。在留資格別の統計では，永住者（31.9%），特別永住者（16.9%），定住者（7.5%），日本人の配偶者等（6.8%）のほぼ生涯の在住が見込まれるような者は全体の3分の2近くとなっている。集住地域は，一般国民と同様，大都市圏及び工業地帯に集中しており，上位10都府県（東京，大阪，愛知，神奈川，埼玉，千葉，兵庫，静岡，福岡，京都）で7割を超えている。年齢別にみると，世界的な傾向と同じく労働年齢（20歳と64歳の間）が80.1%と多く，0〜19歳は12.9%，65歳以上は7%となっている（法務省 2015b）。なお，全体では男女比がほぼ半々（女性が53.8%）であるが，国籍別に特徴がみられる。例えばアフリカやオセアニア地域からは著しく男性（約3対1），欧米諸国からもやや男性（約2対1），一部のアジアの国々からは

6）韓国・朝鮮の「朝鮮」は北朝鮮の意味ではない。厳密にいうと，「朝鮮国籍」は存在せず，「朝鮮籍」は戦前日本の制度分類の継続に過ぎないが，統計上未だにこのような形で使われている。

第Ⅰ部　実証的な教育実験のための基盤研究

圧倒的に女性（フィリピンとタイの場合約 3 対 1 ）の方が多い。

　しかし，国籍のデータだけでは，日本の文化的な多様化の規模がみえないため，日本国籍を有しながら日本文化以外の文化的な背景をもつ人々についても把握する必要がある。第一，過去10年だけで，帰化者は合計12万4018人である（法務省 2015c）。それは，東京都中央区の人口を超えている規模となる。元の国籍の内訳は韓国・朝鮮が55.5%，中国が32.9%，合わせて 9 割弱を占めている。また，日本国籍取得者数は毎年1000人以上である。更に，人口動態調査からは，国際結婚及びそれにおける出産の現状が分かる（厚生労働省 2014）。父母の一方が外国籍の出生数は連続データが存在する1995年と2013年の間に合計41万5112件（例えば，横須賀市の人口と同レベル）で，平均して年間 2 %弱（新生児約50人に 1 人）である。2013年には東京区部では3.7（約27人に 1 人），大阪市では4.2%（約24人に 1 人）となっている。この期間全体で，母が外国籍の方がやや多い（59%）。その内，母の国籍は2013年に中国（38.6%），フィリピン（21.3%），韓国・朝鮮（18.5%），タイ（3.5%）が上位である。一方，父の国籍の順は韓国・朝鮮（25.1%），アメリカ（16.6%），中国（12.9%）となっている。これらの出産の前提として，社会の文化的な多様化を進めている国際結婚があり，上述と同じ時期に夫妻の一方が外国籍の婚姻は合計63万2407件である。これは，期間中の割合の平均として全婚姻数の4.5%（結婚約22組に 1 組）で，ピークは2006年にみられる（6.1%，約16組に 1 組）。東京区部，名古屋市，大阪市では，2013年にも 5 %（20組に 1 組）を超えている。その内，この期間全体で妻が外国籍の婚姻は77%を占めている。2013年に，日本国籍夫の外国籍妻の国籍は中国（40.5%），フィリピン（20.2%），韓国・朝鮮（17.7%）と並び，日本国籍妻の外国籍夫の国籍は韓国・朝鮮（27.9%），アメリカ（19.2%），中国（11.9%）となっている。

　学校に通う外国籍等の子ども[7]については文部科学省の調べで分かる。公立学校に在籍している外国籍の児童生徒数は2014年 5 月 1 日現在で， 2 年間で1744人（2.4%）増加している（文部科学省 2014a）。この内，日本語指導が

必要な児童生徒は2万9198人で，2012年より2185人（8.1%）増えている（文部科学省 2014b）。学校種別には，小学校で1730人（＋10.1%），中学校で251人（＋3.3%），高等学校で135人（＋6.3%），中等教育学校で32人（＋133.3%），特別支援学校では37人（＋26.4%）となっており，いずれも増加中である。その反面，日本語指導を受けている者は2万4197人（82.9%）で，割合的に2年前より3.7%減少している。母語別にみると，ポルトガル語（28.6%），中国語（22.0%），フィリピノ（タガログ）語（17.6%），スペイン語（12.2%）と並んでおり，これらの4言語で全体の80.4%を占めている。在学する上位の都県は愛知，神奈川，静岡，東京の順になっている。同時に，日本語指導が必要な日本国籍の児童生徒も7897人いる（2年間で1726人，28.0%増加）。この中，帰国生は1535人，19.4%に過ぎず，減少しており，5分の4強は保護者の国際結婚等によるものである。また，日本語指導を受けている者は6182人（78.3%）で，割合として2年間で3.4%減っている。日本語指導が必要な日本国籍の子どもを言語別にまとめると，フィリピノ語が2253人（28.5%），日本語が1762人（22.3%），中国語が1501人（19.0%），英語が706人（8.9%）となっており，これらの4言語が全体の78.7%を占めている。また，上位の都府県は愛知，神奈川，東京，大阪と並んでいる。

　先住民族については，権利宣言及び条約を通じて国際労働機関（ILO）と国連が国際的に通用する定義を提唱しているが，国内では採用されていない現状である（ILO 1989；UN 2008）。しかし，日本ではアイヌ民族が先住民族として法的に認められている。司法では，二風谷ダム建設を巡る裁判において，札幌地方裁判所が1997年の判決文においてアイヌ民族の先住性を認め，アイヌが「先住民族に該当するというべきである」と明記した（札幌地方裁判所 1997）。被告である国は控訴せず，判決が確定したが，立法と行政がアイヌを先住民族として認めるまでには，更に時間がかかり，上述の国連宣言

7）日本では先進国で珍しく，外国籍の子どもの場合に就学義務がないという意味で，必ずしも義務教育の対象にはならないので，未就学者については把握しにくい。

第Ⅰ部　実証的な教育実験のための基盤研究

が直接的な契機となった。立法では，日本による賛成票を含めて宣言が国連総会で採択された翌年に当たる2008年に，国会において「アイヌ民族を先住民族とすることを求める決議」が全会一致で決定された（衆議院会議・参議院会議 2008）。行政では，これを受けて同日に関連する内閣官房長官談話が発表された[8]（内閣官房 2008）。

　日本の国勢調査等では，例えば欧米諸国のように民族的帰属性に関する項目がなく，日本国籍者の文化・民族的アイデンティティが分かる全国データが入手しにくく，外国籍者を除いた小数民族人口と日本国籍者の文化・民族的構成を正確に把握できない。先住民族アイヌに限っては，各種データが存在する。北海道庁のデータで，2013年に調査できた道内アイヌ人口は1万6786人で，前の調査時点（2006年）の2万3782人と比べ，アイヌ民族と自己申告できた人数は減少している（北海道環境生活部 2013：3）。但し，国連人権委員会の2006年の推測は北海道のアイヌ人口を3万～5万人としている（Diene 2006：5）。道外データの把握が更に困難で，例えば東京都の1988年の調査では都内に2700人が報告されている（東京都企画審議室調査部 1989）。そして，2011年に日本学術会議は首都圏に1万人のアイヌが居住しているという推測をしている（日本学術会議地域研究委員会人類学分科会 2011：1）。

C｜日本における文化的に多様な人々の各種ニーズ

　前項では日本社会の文化的な多様化の規模，即ち日本に生活しながら日本以外の文化に（も）ルーツをもつ人々の数を，統計データを基にみてきた。

8）国内外を問わず，他の北方民族（ウィルタ，ニヴフ）に加え，沖縄にルーツをもつ人々も日本民族（大和民族）と異なる琉球民族であり，先住民族としての認知を求める主張も以前より存在する。しかし，当事者をはじめとして，国連機関（人種差別撤廃委員会，ユネスコ）や日本政府などの利害関係者の間で意見が未だに著しく分かれているため，本書では関連する記述を割愛することにしている（UNCERD 2014：7-8）。

第1章　文化の多様性に対応したソーシャルワーク教育の意義

次に，本項ではこれらの文化的に多様な人々の社会的状況と抱える問題及び
ニーズについて，社会の中での周縁化（marginalization）を示す数値デー
タを参照する。

　移民については，日本も加盟している上述しているOECDが各加盟国の
データを集め，比較可能な形で詳細なデータベースをもっている。このデー
タに基づいて，2015年に移民の社会統合を示す各種統計指標に関する国際比
較報告書を欧州連合と共同発行している（OECD, EU 2015）。これによると，
日本では2012-13年に外国出身者（foreign-born）の雇用率は65.5％で，自
国民（native-born）より4.7％低い（男性は77.1％／－2.7％，女性は56.9％
／－3.7％）。同じ時期に外国出身者の失業率は8.3％で，自国民より1.9％高
い（男性は8.9％／＋1.5％，女性は7.8％／＋2.6％）。移民（immigrant）の
学歴については，2012-13年に低・中・高の区分の比率は22対46対32（％）で，
自国民とそれぞれ＋9・－4・－5（％）の格差がみられる（つまり，小学
校卒業の人はより多く，中学校及び高等学校卒業の人がより少なくなってい
る）。しかし，日本の行政は出身国等よりも国籍に焦点を当てており，国際
比較のためのこの報告書の意図は国内統計において応用されている定義と必
ずしも一致しているわけではない。そして，例えば移民の労働待遇，世帯収
入，住宅環境，健康及び医療，社会参加等，また社会結束の問題について日
本はOECDにデータを提供できていないままである。

　国籍別のデータに留まるが，国内では外国籍者の貧困を示すものは総務省
による生活保護実態調査報告がある（総務省行政評価局 2014：20-21, 41-
46）。これによると，生活保護の対象者は，永住者，日本人の配偶者等，永
住者の配偶者等，定住者，特別永住者の在留資格と，認定難民の一部のみに
限る（通達により準用）にもかかわらず，生活保護を受給する被保護外国人
世帯数は，2011年度に約4.3万世帯で，データが存在する2002年度（2.3万世帯）
から増加傾向にある（特にリーマンショック以降）。その中，国籍別に韓国・
朝鮮が最も多く約2.9万世帯で，全体の約66.2％を占めている。また，2011
年度の外国人の保護率は約53.4‰と，日本人も含めた被保護者全体の保護率

第Ⅰ部　実証的な教育実験のための基盤研究

16.2‰の約3.3倍となっている。この保護率の推移をみると，2002年度（約31.6‰）の約1.7倍に増加している（特にリーマンショック後）。2011年度の世帯類型で国籍別に最も多い項目は，韓国・朝鮮で高齢者世帯（約1.5万世帯），中国で傷病者世帯（1434世帯），フィリピンで母子世帯（3606世帯），ブラジルでその他の世帯（666世帯）となっている。

　なお，日本における移民の貧困等問題については，支援NGOのアンブレラ組織である移住労働者と連帯する全国ネットワークが社会学系の大学教員，その他の研究者と実践者からなる貧困プロジェクトを立ち上げ，国勢調査等の行政のオーダーメイド集計の分析を中心に出版している（移住連貧困[9]プロジェクト編 2011）。この中では，次のような底辺化を示す指標が報告されている。リーマンショック直後の大量解雇の問題については，日系中南米人の集住地域の自治体（静岡県，岐阜県など）を中心とした調査では，彼／女らの失業率がこの時期に多少上昇した全国平均よりもはるかに高い26〜47％に上った（地域格差あり）。その背景として，同じく自治体（浜松市，豊中市など）の調査から分かるように，8割程度の派遣や請負の非正規雇用率があった。また，女性が抱える問題に関して，家庭内暴力に遭い，2009年に婦人相談所に一保護された件数の8％（528件）は外国籍女性であるというデータがある（主に日本国籍パートナーによる暴力）。先述の人口比に照らして，保護率（DV被害率）は日本国籍女性より圧倒的に高いことになる。そして，2000年の国勢調査のオーダーメイド集計から，高校・大学在学率について，国籍別にも差がみられる。高校在学率は，韓国・朝鮮を除いて日本国籍者（93.6％）より低い水準である。具体的に，中国は75.0％，ペルーは52.2％，フィリピンは44.1％，ブラジルはたった32.5％となっている。大学在学率について，韓国・朝鮮は日本国籍者（30〜35％）と同等，あるいはそれ以上のレベルに達しているが，フィリピンは5％以下，中南米（ブラジ

9）収集はされているが，例えば国籍別のクロス集計が作成されていない国勢調査データの公開を申請できる統計局の有料サービス。

第1章　文化の多様性に対応したソーシャルワーク教育の意義

ルとペルー）は実質的に0％に留まっている。なお，乳児死亡率と死産率が日本国籍者のデータと全国平均を上回っている国籍もある。

内閣府は移民の世代間の負の連鎖に関する分析を公表している（是川2012）。この中で，2011年の文部科学省のデータから算出された国籍別の高校進学率は韓国・朝鮮が93.0％，中国が85.7％，フィリピンが59.7％，ブラジルが42.2％と並んでいる（日本が97.0％）。この分析では，親の学歴と職業，母子家庭かどうかなどの条件が上記の高校進学に及ぼす影響をみることで，親の階層達成が子どもの教育達成に影響し，階層間格差の固定化（即ち例えば貧困の再生産）の可能性を示した。

先住民族に関しては，北海道内在住のアイヌに関する最新の調査結果から，居住市町村の平均との格差が指摘されている（北海道環境生活部 2013）。前調査（2006年）と比べ，2013年の生活保護率は0.65％上昇し，4.48％である（居住市町村民は3.31％）。世帯の年間所得は11.6％が「100万円未満」，20.0％が「100万～199万円」，26.4％が「200万～349万円」である。27.3％は「とても苦しい」という生活意識をもっており，43.6％は不安に思っていることとして「収入が少なく生活が不安定」ということを挙げている。実際に，生活のために公的貸付金を利用したことのある世帯は43.7％である。貧困の再生産の一つの指標である教育の状況は次の通りである。高校進学率は7年前より0.9％減少し，92.6％になった（居住市町村民は98.6％）。大学進学率は8.4％増加し，25.8％になったとはいえ，相変わらず深刻な格差がみられる（居住市町村民は43.0％）。そして，直接の差別経験は23.4％で，知人が受けた差別を含めると，この数値にさらに9.6％が加わる。

2008年に北海道大学が当事者団体の協力の下でより詳細な調査を実施している（小内編 2010）。この調査の知見からも上記のような格差が浮き彫りになっている。アイヌ世帯の平均年収は355.8万円で，全国平均（566.8万円）と北海道平均（440.6万円）を下回っており，個人年収の平均は197.5万円に留まっている。なお，この調査で低所得層と位置づけている個人年収が「200万円未満」で，53.2％を占めている。世帯の被生活保護率は5.2％で，北海

第Ⅰ部　実証的な教育実験のための基盤研究

道民（3.9％）の1.3倍以上，全国民（2.2％）の2.3倍以上である。生活をとても苦しく感じる割合は33.5％である。将来の所得に影響を及ぼす学歴について，「30歳未満」の若い世代の高校経験率は95.2％であるが，年齢に反比例するように高校進学率が下がっており，「70歳以上」は23.5％に過ぎない。大学経験率は若い世代でも20.2％のみで，全国的に50％を超えている大学進学率と著しい学歴・教育格差が存在する。進学を断念した理由として，平均して77.6％が「経済的な理由」を挙げている（「70歳以上」の世代で85.2％，最も若い「30歳未満」でも73.2％）。また，これらの数字に高校と大学の場合でもアイヌ民族の中退率が加わる（それぞれの全世代平均は高校が12.9％と大学が20.3％）。本調査の特徴として，諸外国で指摘されている先住民族の各種依存問題についても取り上げており，その結果は喫煙，飲酒，ギャンブル（パチンコ等）に習慣的に親しむ比率は，一般的な国民調査と道民調査の結果よりも高い。現在困っていることとして次のようなことが挙げられている。「所得が少ない」（45.6％），「負債が多い」（13.2％），「自分や家族の健康」（56.9％），「仕事がない」（6.7％），「労働状況が悪い」（7.8％），「自分の進学」（0.8％），「子どもの教育」（10.2％），「職場・学校の人間関係」（2.6％），「近所づきあい」（2.4％），「住宅」（8.7％），そして「アイヌ差別」（2.4％）などと並ぶ。

北海道外在住のアイヌに関する最新の調査は2011年に行われた（アイヌ政策推進会議 2011）。北海道外アイヌの合計年収について世帯は44.8％，個人は79.5％が「300万円未満」である（全国民は世帯が33.2％，個人が53.0％）。アイヌ世帯の生活保護受給率は7.6％と高く，全国民の2.3％と比べると3.3倍以上である。負の世代間連鎖の防止策として考えられる教育に関して，若い世代（「29歳以下」）で高校に通った割合は87.9％で，全国民（97.3％）より低い。大学については更に低く，31.1％対44.1％である。進学を諦めた理由として，73.9％が「経済的な理由」を回答している。そして，道外アイヌの中退率は高校の場合11.2％（全国民の6倍）で，大学の場合16.0％である。中退の理由として40.7％は「経済的な理由」を回答に含めている（全国民の

2.9％の14倍）。北海道外に居住するアイヌが北海道を出た理由として，11.4％が「アイヌに対する差別から逃れられると思った」ことを挙げているが，北海道外における差別の有無について20.5％は「ある」と答えている。自分がアイヌであることを19.1％は配偶者に，34.8％は子どもに言っていない。37.6％は周囲に自分がアイヌであることを知っている人がいない。現在困っていることとして次のようなことが挙げられている。「所得が少ない」（45.2％），「負債が多い」（12.4％），「自分や家族の健康」（29.0％），「仕事がない」（13.3％），「労働状況が悪い」（11.4％），「自分の進学」（2.9％），「子どもの教育」（6.2％），「職場・学校の人間関係」（3.3％），「近所づきあい」（5.2％），「住宅」（7.1％），そして「アイヌ差別」（5.2％）などと並ぶ。

2 | 文化の多様性に関する国内外のソーシャルワーク諸基準

この項では，専門職団体を中心に，文化の多様性に対応するソーシャルワーク実践及び教育について定められている各種基準を国際・国内に分けて整理する。

A | ソーシャルワークの定義

国際ソーシャルワーカー連盟（IFSW）と国際ソーシャルワーク学校連盟（IASSW）が2014年にソーシャルワーク専門職のグローバル定義を定めている（IFSW他 2014）。この定義をそれぞれの国際組織の国内カウンターパートにあたる日本社会福祉教育学校連盟と，職能4団体をまとめている社会福祉専門職団体協議会[10]も採択している。定義文自体に多様性尊重の原理が明記され，ソーシャルワークの基盤として地域・民族固有[11]（indigenous）の知

---

10) 日本ソーシャルワーカー協会，日本社会福祉士会，日本医療社会福祉協会，日本精神保健福祉士協会。

第Ⅰ部　実証的な教育実験のための基盤研究

20

が指摘されている。そして，本定義についている長文の注釈において文化の多様性と強い関連をもつ箇所は以下の通りである。

ソーシャルワークの中核となる任務に関する説明において，人種・言語・宗教・文化などに基づく抑圧に対する批判的意識と構造的・個人的障壁の問題に取り組む行動戦略はエンパワーメントと解放を目指す実践の中核であると書かれている。従って，不利な立場にある人々と連帯しながら，ソーシャルワークは，脆弱で抑圧された人々を解放し，社会的包摂と社会的結束を促進すべく努力すると記されている。ソーシャルワークの原則に関する注釈では，多様性の尊重と人権が確認され，後者には少数言語の権利などの文化的権利が含まれているとなっている。そして，文化については，そもそも社会的に構築されるダイナミックなものであり，解体され変化し得るという構築主義的な捉え方で解釈されている。また，ソーシャルワークが活用する知を巡って，注釈では先住民を含めた地域・民族固有の知について長く書かれており，国連の資料に基づいてソーシャルワーク専門職による先住民の定義が示されている。

本定義では，各国及び世界の各地域レベルでの展開（重層的な定義の策定）が認められているが，説明文の最後にIFSWが脚注としてグローバル定義と矛盾しない規定を追加動議として加えている。国内の専門職団体はこれを全面的に採択している。

B│国際的なソーシャルワーク実践基準

同じくIFSWとIASSWが倫理原則声明を発表している（IFSW他 2004）。この中で，ソーシャルワークに特に関連のある国際条約などの文書として規定されているものの中に，経済的・社会的・文化的権利に関する国連規約，人種差別撤廃に関する国連条約と，先住民族に関するILO条約が含まれてい

11）特に先住民族が強調されている。

る。また，社会正義の原理について，それを促進する責任がソーシャルワーカーにあり，具体的に差別への挑戦と多様性の認識を含むと明記されている。前者については文化・皮膚の色・人種などを根拠に行われる差別が挙げられ，後者は民族的・文化的な多様性を認識・尊重しなければならないと定められている。

　上記の倫理以外に，実践基準に該当するものは日本の職能4団体が加盟しているIFSWが策定しているポリシーペーパー（国際方針文書）がある（IFSW 2011）。日本ソーシャルワーカー協会が発行しているこのポリシーペーパー集の中で，文化的に多様な人々に直接的に強く関係しているのは，国際移住，難民，先住民に関する文書である（16中3[12]）。国際移住に関する声明は，移民への文化学習の機会の保障，同化主義より多文化主義の視点に基づいて母文化（継承文化）の維持と促進，文化的アイデンティティを維持できる形での社会統合，移民への特殊な社会サービスの充実，参政権を含む決定権の保障などに向けたソーシャルワーク実践及びアドボカシーを提唱するIFSWの立場を示す。また，移民に関するソーシャルワーク教育と当事者参加の必要性についても述べている。難民に関するポリシーペーパーは，難民の統合と自立を目的とする定住支援，文化的な適応支援と並行して文化的な感受性と妥当性をもった（culturally sensitive and relevant）対応，当事者の積極的な参画，同化よりも共生の推進，脆弱な特別難民グループ（女性，子ども，拷問及びトラウマ被害者，高齢者，障がい者等）への特殊なサービスの提供について書かれている。そして，IFSWは難民支援がソーシャルワーク教育及び実践においてメインストリーム（主流）になる必要性を指摘し，難民の特殊な体験とニーズに配慮しながら，当事者ワーカーの募集と当事者コミュニティとの協働を含む民族的な感受性をもつ（ethnically sensitive）ソーシャルワーク専門職養成を推進しているとなっている。先住民族に係る方針

12）但し，間接的にほぼ全ての方針は関連があり，文化・民族・人種の多様性の尊重やそれを理由とする差別撤廃について規定を含んでいる。

でも，当事者ソーシャルワーカーが担える本質的な役割への期待と同時に，先住民族に対する実践者の文化的な知識（cultural knowledge）に向けて，文化的な力量（cultural competence）と文化的な感受性（cultural sensitivity）をもつように非当事者ソーシャルワーカーの教育を行う必要性が強調されている。更に，本声明において，IFSWは先住民族の基本的な人権の保障，先住性に起因する諸権利，各種政策策定への当事者参加，当事者運動の重要性，そして女性と子どもの特殊な課題について明記している。

　なお，国際専門職団体は世界規模の行動計画に向けてソーシャルワークのグローバルアジェンダを定めている（IFSW他 2012）。この中で，取り組み領域の一つである人々の尊厳や価値の促進には，文化的な多様性に関する諸課題が含まれている。この文書では，該当する人権条約の実現を国連等の国際機関に対して求めると同時に，国際移住の権利と正規・非正規（合法・不法）を問わず移民の社会サービスを受ける権利をアドボケートするコミットメントが表明されている。そして，ソーシャルワーク専門職のあらゆるパートナー組織による移民の権利向上に向けた取り組みの支援，また文化的アイデンティティの尊重を促進するための協力についても約束されている。ソーシャルワーク専門職集団自体は，文化等に関して多様性の尊重を促進し，倫理的で適切な情報に基づく介入を実現するソーシャルワーク教育をアドボケートすると書かれている。更に，実践家が国際移住等へ効果的に対応できるようになるための教育及び実践基準を推進することも含まれている。

C｜日本のソーシャルワーク実践基準

　日本では，ソーシャルワーカーの職能 4 団体は上述の国際倫理表明に基づく共通した倫理綱領を採択している（社会福祉専門職団体協議会 2005）。これにおいて，文化の多様性に関する具体的な記載箇所は次の通りである。ソーシャルワークの価値と原則に関する根本的な部分で，人間の尊厳と社会正義に関する最初の 2 項目が当てはまる。前者では，人種と宗教的文化的背

景を含む差異を問わず全ての人の尊重，後者では差別・抑圧・排除等のない平等と共生などの実現努力が規定されている。そして，実際の倫理基準では，利用者に対する倫理責任の一つである受容に関する箇所は，ワーカーが自身の先入観や偏見を排する必要性が述べられている。続いて，社会に対する倫理責任を定める3項目が該当する。①ソーシャル・インクルージョン条項は人々をあらゆる差別，抑圧，排除等から守りながら包合的な社会を目指す努力，②社会への働きかけに関する条項は社会にみられる不正義の改善に向けた（利用者参加を含む）連帯，③国際社会への働きかけに関する条項は人権と社会正義に関する問題解決に向けた国際連帯について記載がある。

　日本社会福祉士会は，この倫理綱領に示されている倫理基準を更に細分化した行動規範を制定している（日本社会福祉士会 2005）。この中で社会に対する倫理責任の上記3項目に次のような詳細規定を加えている。①ソーシャル・インクルージョンについては，ⅰ特に不利益な立場で抑圧されている利用者の選択及び決定機会の保障，ⅱ利用者等の政策・制度形成への参加に向けた支援，ⅲ利用者のニーズの社会への伝達が義務付けられている。②社会への働きかけについては，ⅰ利用者が望む福祉サービスを受けられるための権利擁護と代弁活動，ⅱ社会政策や福祉計画が及ぼす影響の認識と地域福祉の増進，ⅲ社会における意思決定における利用者の意思と参加に向けた支援が規定されている。③国際社会への働きかけにおいては，ⅰ文化的社会的差異の尊重，ⅱ民族，人種，国籍，宗教などによる差別等をなくすための活動の支援，ⅲ国際社会情勢への関心と精通するための努力が定められている。

D｜国際的なソーシャルワーク教育基準

　IASSWとIFSWは，専門的なソーシャルワーク教育に係るグローバル基準を合同で制定している（IASSW他 2004：11）。これにおいて，文化的及び民族的な多様性に関する独立した章で下記の9基準が定められている。

第Ⅰ部　実証的な教育実験のための基盤研究

・基準 1 ：文化的な多様性に関する教育経験の豊かさの確保

・基準 2 ：文化的な多様性に関する教育目標の設定

・基準 3 ：文化的な多様性に関する問題の実習内容における反映

・基準 4 ：学生の文化的な多様性に関する自己認識の機会の提供

・基準 5 ：学生の文化的な多様性に関する感受性の向上及び知識の増大

・基準 6 ：固定概念（stereotype）と偏見の最小化及び差別の実践を通じた
　　　　　再生産の防止

・基準 7 ：学生の異文化間の関係構築及び処遇能力の保障

・基準 8 ：基本的人権の学習アプローチの保障

・基準 9 ：学生の自分自身を知る機会の提供

　なお，ソーシャルワークの先述の定義と同様に，文化はここでも構築主義的に捉えられており，社会的に構築されるダイナミックなものであり，脱構築と変化も起こるという概念理解が付け加えられている。このスタンダードの原文及び和訳の全文は巻末の付録1-1に掲載している。

　次に，国内ではあまり知られていないが，国連人権センターが専門職育成シリーズの第 1 号として，ソーシャルワーク学校のために数十ページに渡る人権教育マニュアルを作成している（UNCFR 1994）。この前半において，背景となる哲学的価値の箇所には平等と非差別も含まれており，ソーシャルワーカーが活用する人権ツールの中に経済的・社会的・文化的権利に関する国際規約，人種差別撤廃条約，移住労働者及び家族の権利条約（日本を含む先進国の多くが未だに批准なし）も含まれている。また，連携機関としてこれらの関連人権委員会に加え，国際労働機関も指定されている。後半では，ソーシャルワーク教育及び実践が扱う領域について，一般的なテーマの一つとして人種・民族差別が明記され，対象となる弱い立場にいる社会集団のリストに，日本でも従来から考えられている児童，女性，高齢者，障がい者と並んで，移民と難民も明確に提示されている。マニュアルによれば，これらのテーマと脆弱な対象集団の組み合わせが人権アプローチの教育等の様々な枠組みを提供する。更に，掲載されている事例検討のためのビネット集にも

第 1 章　文化の多様性に対応したソーシャルワーク教育の意義

文化的な多様性や国際移住等の問題を扱うものが複数ある。

　また，ソーシャルワーク教育と文化的な多様性の関係に関する専門的な国際文書には上述のIFSWポリシーペーパーがある（IFSW 2011）。既に述べたように，移民，難民，先住民に関する方針声明において，当事者ワーカーの養成と非当事者専門職のカリキュラムにおける関連内容について定められている。

E｜日本のソーシャルワーク教育基準

　ソーシャルワーク専門職養成カリキュラムに係る最も明確な国内基準は，国家資格制度である。厚生労働省（一部，文部科学省）が社会福祉士学校及び養成施設に対して定めている各国家試験科目の教育内容のねらいと含むべき事項には，文化の多様性や文化的に多様な人々（日本における移民，先住民族）及び彼／女らへの対応に関する規定が存在しない（厚生労働省 2008a；文部科学省他 2008）。ただし，厚生労働省は最新カリキュラムの説明資料において提示している想定される教育内容の例として，社会理論と社会システム及び現代社会と福祉の2科目に関して，授業で扱う社会問題の中に偏見と差別を含めている（厚生労働省 2008b：15，17）。実際に，国家資格の試験センターの出題基準はこの教育内容例と同様の表を示している（社会福祉振興・試験センター 2015）。なお，教員用テキストを含めて，国家試験の教科書に外国籍住民について事例等が含まれることが多少みられる。

　必ずしもソーシャルワーク実践者育成と位置付けることができないが，日本学術会議は大学における社会福祉学教育の質保障のための過程編成上の参照基準を示している（日本学術会議社会学委員会社会福祉学分野の参照基準検討分科会 2015）。これにおける社会福祉学の定義には，多様な個人の幸福（well-being）の追求の支援と誰にとっても生きやすい社会の幸福を追求するためのあり方の提起が含まれており，こうした社会福祉学教育は多様性を尊重しながら共生社会の実現に貢献する市民を育成すると書かれている。ま

第Ⅰ部　実証的な教育実験のための基盤研究

た，社会福祉学の役割の一つとして，排除や差別を含む問題を社会に提起することが提示されている。そして，社会福祉学を学ぶ学生に関して，人間の多様性の十分な理解の必要性が強調されており，習得する要素の中に，多様な価値観を受容できる能力と人権の視点から差別や排除の問題に気づく能力が書き込まれている。例えば，実習等では異なる文化の下で暮らす人々の実態やニーズに関する体験的学習を通して，多様な価値観，文化等について相対化できる能力を身につけることについて記載されている。同じく，厳密にはソーシャルワーカー養成のみに関わるものではないが，日本社会福祉教育学校連盟が入会審査基準を設けている（日本社会福祉教育学校連盟 2013a）。この中には，文化的な多様性に関する教育について記されていないが，各校の学生支援体制において人種・宗教などの差別がないことが求められている。また，この参照基準も入会基準も間接的な形で上述の各種国際基準を推奨している。

　更に，日本社会福祉教育学校連盟はコアカリキュラムを提案するために，長年に渡って取り組んできており，その最新案には関連内容が含まれている（日本社会福祉教育学校連盟 2011）。例えば，Ⅰ群（社会福祉学）の社会福祉制度・政策領域においては，国際的側面の中に外国人労働者のソーシャルワークについて，Ⅳ群（多様な利用者へのソーシャルワーク）においては，多文化・多人種の理解と対応法，とりわけ多文化共生に関わるソーシャルワークにおける民族性への歴史的視点やマイノリティ論アプローチと文化的アプローチについて記載されている。ただし，会員校の学生を対象とした2012年の調査の時点では，例えば上記の外国人労働者について6割近くは十分に学んでいないことが分かる（日本社会福祉教育学校連盟 2013b：48）。

第1章　文化の多様性に対応したソーシャルワーク教育の意義

3 本章の考察

　本節では，上記結果から言えることをまとめ，日本における文化の多様性に対応した教育が必要になる理由を挙げ，本研究全体の意義を示す。

1 日本社会における文化的な多様化と周縁化

　前節の前半では，日本の文化的な多様化と文化的に多様な人々の周縁化に関する統計データが示された。日本社会の文化的な多様化については，定住している外国籍の住民に加え，帰化者及び国籍取得者，また国際結婚及びそれにおける出産の規模も無視できないことが分かった。更に，日本の先住民族人口についても整理した。日本の行政は統計において文化・民族別の正確なデータへ関心を示さないため，日本文化以外の文化を背景にもつ人々の合計を算出するのは極めて困難であるが，政府が公表している212万1831人の在留外国人（総人口の1.7％）より高い数字に辿りつくことが確実である。外国籍住民に上述の日本文化以外のルーツをもつ日本国籍者，即ち「〇〇系日本人」と捉えることができる人々を足すと，約250万人，要するに総人口の約2％（50人に1人）となる。しかし，ソーシャルワーク及び社会福祉サービスにかかる確率はこれを上回るはずである。なぜならば，前節で数字によって示した周縁化の問題があり，様々な生活課題を一般国民より抱えやすいことが明らかになっている。具体的に，国籍別に差がみられるものの，全国データでみれば，外国系の住民・先住民族とも，平均を上回る非正規雇用率，失業率，生活保護受給率，そして平均より明らかに低い学歴，雇用率，高校及び大学在学・進学率，等々の問題に直面している。更に，データから学校教育との関係について考えれば，貧困の再生産という世代間の連鎖すら懸念されることが分かる。

　また，スケールが異なるとはいえ，日本社会の多様化は決して新しい現象

第Ⅰ部　実証的な教育実験のための基盤研究

図1-1　北海道と沖縄を含まない江戸時代の日本地図

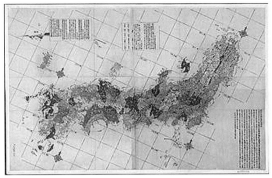

出典：長久保赤水（1846）『改正日本輿地路程全図』大英博物館所蔵

ではないことを強調する必要がある。近年まで続いている神話ともいえる単一民族言説（narrative）の裏に，多様化と周縁化の歴史がある。近代国家形成の時代からみても，日本社会への他民族の受け入れの連続がみえてくる。[13] 地図を参照すると，これらの変化が顕著である。例えば，江戸時代の地図は現在のものより限定的なものであった（図1-1）。国民国家とナショナル・アイデンティティの形成過程において，北海道開拓や沖縄征服によって本土と異なる文化の人々（アイヌ民族と琉球民族）が日本社会の一部となり，現在の先住民族の存在の源である。もちろん，これらの出来事を当時の当事者からみれば，アイヌモシリと琉球王国の侵略という相対的に異なる位置付けとなるかもしれない。[14]

13）ここでは，日本社会の文化的な多様化の歴史について明治時代以降に焦点を当てる。第一に，辿っていくと，全人類の起源はアフリカで，「ここまで遡れば，民族の真実が見えてくるはず」という時代が存在しないと思われる。第二に，文化と民族の概念に関しては，近代的な国民国家，そしてそれに伴う国民意識や民族的アイデンティティの形成が特別な意味をもつと言える。

14）北海道のアイヌ語名。日本語に直訳すると，「アイヌ」は単に人間という意味であるため，アイヌモシリは「人間が住む世界」となる。

第1章　文化の多様性に対応したソーシャルワーク教育の意義

次に，国土の拡大と伴い，日本社会の拡大は帝国主義時代の台湾と朝鮮半島の植民地化に続く（図1-2）。この歴史は在日コリアン等の旧植民地出身者及びその子孫の現在に繋がる。終戦後，文化的に多様な人々の大きな受け入れの波は，中国との国交正常化（1978年の日中平和友好条約の締結）を踏まえた旧満州国からの帰国者（残留孤児・婦人及びその家族）と，ベトナム戦争等によるいわゆるボートピープルの大量発生におけるインドシナ難民の来日と最終的に日本による難民条約の批准（1981年）に象徴される1970年代から1980年代初頭にかけて起きた。[15]

図1-2　台湾と朝鮮半島を含む戦前の日本地図

出典：帝国書院（1938）『中学校社会科地図帳』帝国書院

後に，1980年代はバブル経済に起因する単純労働力不足の中で，一時的に非正規滞在者[16]が増えた。1990年代に入ってから，不法就労問題の解消策として入国管理法が改正され，戦前と終戦直後に海外移住した人々及びその子孫と家族を意味する日系人（特に中南米より）と，外国人研修生・技能実習生の受け入れが始まった。また，労働者の流入とは別に，あるいはその延長線上（興行の在留資格[17]など）に国際結婚及びそれに伴う出産，国際的な家族統合の増加がみられる（いわゆる「管理で

---

15) これは，様々な社会サービスに係る法律から国籍条項の廃止，あるいは外国籍者への準用が行われ始めた時期に当たり，以前は在日の旧植民地出身等の外国籍の人々が年金加入を認められない，生活保護を受けられないなどのように，制度的に排除されていたことになる。
16) 行政用語では不法残留者。支援業界では他に超過滞在者，あるいはその直訳に当たる和製英語のオーバーステイという表現が使われる場合もある。
17) 通称，エンターテーナービザ。一時期，水商売関連で大量に許可された経緯がある。

第Ⅰ部　実証的な教育実験のための基盤研究

きない移民」や「移住の女性化」現象）。

2 文化的に多様な人々のニーズを理解する理論モデル

　先述の周縁化現象の背景にある文化的に多様な人々が抱える特有のニーズを理解・解釈する枠組みとして，アメリカの学校連盟が提示してきた古典的な理論枠組みが有効である。全米ソーシャルワーク教育協議会（CSWE）は，アジア系・アフリカ系・ラテン系アメリカ人とアメリカ先住民のような少数民族に関するカリキュラム内容の基準を，差別を禁止する公民権法を契機に進め始めた1970年代に初期的な書籍で発行している（Norton 1978：3-16）。これにおいて，ソーシャルワーク教育における文化的な多様性の扱い方について二重枠組み（dual perspective）というシステム論的なモデルが提唱されている。これは，上述の国際定義でも強調されているソーシャルワーク特有の「環境の中の個人（person-in-the-environment, PIE）」という考え方，あるいは社会的存在としてのヒト（Homo Sociologicus）[18]を捉える専門的な人間観を発展させたモデルである。この基本的な考え方によれば，ソーシャルワーカーは人と環境（構造）の両方，特にそれらの相互作用（interaction）に働きかける。もちろん，ワーカー（Wr）もクライエント（Ct）の環境の一部に位置づけられている（図1-3）。

　CSWEが提示する二重枠組みモデルが，クライエントを取り巻く環境を二つに分けて捉えている（図1-4）。これは，例えばG.H.ミードの「一般化された他者（generalized others）」とE.H.エリクソンの「重要な他者（significant others）」のような社会学及び心理学における古典的な概念を発展させた理論である。また，国家資格カリキュラムを含む日本の社会福祉教育でしばしば扱われるF.テンニース提唱の「ゲマインシャフト（Gemeinschaft）」と「ゲゼルシャフト（Gesellschaft）」という分け方とも

---

[18] ドイツの社会学者，R.ダーレンドルフが提唱した表現。

図1-3 ソーシャルワークの実践モデル　　図1-4 ソーシャルワークの実践モデルで考える二重枠組み

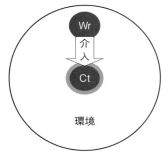
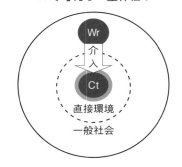

※　Wr：ワーカー，Ct：クライエント
　　図1-4〜図1-6も同じ

類似性を示している。具体的には，クライエントの環境を捉える際に，直接環境と一般社会を区別することになる。直接的な環境はいわゆる重要な他者，つまり私的な付き合いの範囲（家族，友人など）を意味する。一般社会は，このような親密な出会いの境界を超えた，より正式な公的関係（教育・雇用の場，各種行政制度など）を指している。この場合は，何らかの社会サービスを提供しているワーカーも後者の一般社会の一部になる。この二重枠組みの構造は文化を問わず，例えば文化的なマジョリティも含めたどのクライエントについても適用できる（但し，大半の場合は両環境の間に調和がとれていると考えられる）。しかし，クライエントが文化的なマイノリティである場合に，本モデルを基に以下の2点を考えなければならない（両環境の間に生じる不調和の可能性に注意）。

　最初に，図1-5は個別要素としての文化的な差異に焦点を当てている。少数派クライエント及び直接環境の文化（縦縞模様）は，一般社会の文化（横縞模様）と異なるわけである。従って，クライエント自身についていえば，内面では文化に由来する様々な思考パターン（価値観，道徳観，世界観，信仰など），そしてこれらに基づいて表面化する行動パターン（日常的なものも含めたあらゆる習慣，慣習，宗教，使用言語などの生活様式）が違うはず

図1-5　二重枠組みで捉える文化的差異　　図1-6　二重枠組みで捉える脆弱性

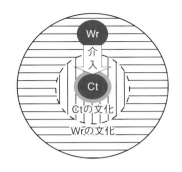 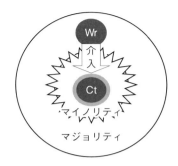

である。これらはその文化に特有の強みと弱みも含めている。また，クライエントの直接な環境に当たる帰属コミュニティにおいては，マナーなどの関係構築や関わり方に関する社会規範の他に，コミュニティの強みを意味する各種の独特な社会資源（宗教施設，エスニック店舗，コミュニティのリーダーやキーパーソンなど），そしてコミュニティの弱みである社会資源の欠如（在留資格や言語の関係で適用外の社会サービスなど，何らかの理由で一般住民のように使えないもの）のパターンが異なる可能性がある。つまり，図のように主流社会に属する「横縞文化」のワーカーが「縦縞文化」のクライエントを目の前にすると，意図的な努力をしない限り，クライエントが実際に日々生きている世界，即ち直接環境について想像すらできないことが多い。そのため，主流文化のワーカーがクライエントの文化について学習を重ねることと同時に，同じ文化に属する当事者ワーカーを配置することが極めて重要である。

　最後に，図1-6はクライエントのマイノリティ性と権力関係という構造的な側面を強調している。少数派クライエントと一般社会の文化は単に異なるのみでなく，これらはマイノリティ文化とマジョリティ文化という力学的な関係にあるとすれば，両者の境界線において，単なる文化的な不調和の度合いを超えた何らかの差別・抑圧（クライエントにとっての不利益）とう摩擦

が生じる（稲妻線）。これはもちろん偏見，先入観，固定概念などの個人の情緒と認知に基づく悪意に満ちた個別行為と行動も含むが，それよりも構造的な要素に気づく必要がある。第一に，クライエントが社会の中で自分の文化を尊重してもらえるかどうかという問題がある。例えば，様々なサービス利用などの一般社会との関わりにおいて，自分の文化（母語，宗教，食事など）に配慮してもらえる可能性はあるか。第二に，クライエントが各種サービスの利用制限などの制度的な排除，不当な扱いの対象になっていないかも注意が必要な点の一つである。例えば，在留資格によって受給資格や準用の問題もあり得るが，日本も含む先進国が形成している福祉国家においてよくみられる申請主義が主流化して一般的になっている制度では，書類記入及び提出に関する十分な言語的な配慮がない場合，即ち得意な母語などの言語を利用できない場合でも，クライエントのサービスへのアクセスが強く妨げられ，相当な不利益を被ることになる。また，図からも分かるように，主流社会に属し，しばしば公権力を行使するワーカーの場合は，悪意はともかく，十分な自覚がなければ，無意識的にもこのような差別・抑圧の構造と社会的排除に関与する危険性がある。従って，特に慎重にならなければならないが，このような自覚を促す適切な教育を受ける必要がある。

3 │ 文化の多様性に対応できる 日本の専門教育の必要性

　考察の前半では，日本社会の文化的な多様化の規模及び歴史と文化的に多様な人々の周縁化，またそれがどのような仕組みの下で起きているのかをみてきた。ここでは，結果の後半で抽出した文化的に多様な人々に係る各種の専門的な基準について論じる。国内・外，ソーシャルワーク実践・教育別にこれらの比較表を作成すると，表1-1のようになる。つまり，ソーシャルワークのグローバル定義をはじめとして，文化的な多様性について詳細に言及している国際的に通用する専門的な実践基準(国際倫理表明，グローバルアジェンダ，IFSWのポリシーペーパー）も，教育基準（ソーシャルワーク教育の

第Ⅰ部　実証的な教育実験のための基盤研究

表1-1　文化の多様性に関する諸基準

ソーシャルワーク専門職の	実践基準	教育基準
国際基準	○	○
国内基準	○	△

グローバル基準，国連のソーシャルワーク教育に係るマニュアル，同じく
IFSWのポリシーペーパーにおける教育に関する声明項目）も，そして国内
の実践基準（専門職4団体の倫理綱領，社会福祉士の行動規範）も具体的な
記述を含む。それに対して，国内の教育基準（国家資格制度，社会福祉学教
育の参照基準，学校連盟による入会審査基準とコアカリキュラム）は限定的
に意義について認めてはいるものの，詳細なものが存在しない現状である。
よって，文化の多様性に対応したソーシャルワーク教育に関する国際的な諸
基準にも，また国内の実践基準にも追いついていないといえる。具体的には，
例えば非当事者ワーカーに教える文化的な多様性に関する具体的な教育内容
についても，当事者ワーカーの育成の必要性についても言及がない。

　更に，狭義のソーシャルワーク専門職集団の基準の範囲を超えても，日本
における文化の多様性に対応したソーシャルワーク教育の必要性について述
べている公文書が存在する。例えば，総務省発行の多文化共生に関する報告
書は既に約10年前に専門性の高い相談能力をもつ多文化ソーシャルワーカー
を育成するニーズについて指摘している（総務省　2006：31）。これを契機に，
自治体レベルでいわゆる多文化ソーシャルワーカーの各種研修が始まってい
るものの，有資格の高度な専門職人材を想定しておらず，短時間の講座によ
る場合がほとんどである。また，外務省の公開資料によれば，批准している
人種差別撤廃条約に係る2010年の定期審査の時点で，日本政府は国連の担当
委員会よりソーシャルワーカーを含む各種公務員に対して行われている具体

第1章　文化の多様性に対応したソーシャルワーク教育の意義

的な人権研修プログラム及びコースに関する情報提供（内容やフォローアップの仕組み等）が求められている（外務省 2010：24）。しかし，日本からはこのような情報を提供できていないままである。そして，厚生労働省が公開している地域福祉に関する報告では，地域における多様な福祉課題の中で社会的排除の問題も扱っており，外国人（原文のまま）を含む社会的排除の対象となりやすい者，少数者への地域の無理解，偏見・差別及びそれらへの対処について指摘されている（厚生労働省 2008c）。

4 本章の結論：多様化と周縁化が進む中，関連基準を満たす教育が必要

本章を踏まえ，本書の意義，即ち日本における文化的に多様な人々に対応できる専門職人材の育成プログラムの構築が必要となる理由を，①日本社会の文化的な多様化と文化的に多様な人々の周縁化，②文化の多様性に係るソーシャルワーク実践及び教育に関する専門基準の充足の必要性の２点にまとめることができる。

本章の引用文献（ABC順）

ADBI, ILO, OECD (2015) *Building Human Capital through Labor Migration in Asia*, Asian Development Bank Institute, International Labour Organization, Organisation for Economic Co-operation and Development.

アイヌ政策推進会議（2011）『「北海道外アイヌの生活実態調査」作業部会報告書』内閣官房.

Diene, Doudou (2006) *Report of the Special Rapporteur on Contemporary Forms of Racism, Racial Discrimination, Xenophobia and Related Intolerance*, United Nations Commission on Human Rights.

第Ⅰ部　実証的な教育実験のための基盤研究

外務省（2010）『人種差別撤廃委員会からの質問事項に対する日本政府回答（第3～6回政府報告審査）』外務省.

北海道環境生活部（2013）『平成25年北海道アイヌ生活実態調査報告書』北海道.

法務省（2015a）『平成26年末現在における在留外国人数について（確定値）』法務省.

法務省（2015b）『在留外国人統計（旧登録外国人統計）統計表』政府統計総合窓口.

法務省（2015c）『帰化許可申請者数等の推移』法務省.

IASSW, IFSW (2004) *Global Standards for the Education and Training of the Social Work Profession*, International Association of Schools of Social Work, International Federation of Social Workers.

移住連貧困プロジェクト編（2011）『日本で暮らす移住者の貧困』現代人文社・大学図書.

IFSW (2011) *Policy Papers*, Japanese Association of Social Workers.（＝日本ソーシャルワーカー協会監訳『国際ソーシャルワーカー連盟：ポリシーペーパー（国際方針文書）―多様な社会問題に対する国際的な視点』日本ソーシャルワーカー協会）

IFSW, IASSW (2004) *Statement of Ethical Principles*, International Federation of Social Workers, International Association of Schools of Social Work.

IFSW, IASSW (2014) *Global Definition of the Social Work Profession*, International Federation of Social Workers, International Association of Schools of Social Work.

IFSW, IASSW, ICSW (2012) *Global Agenda for Social Work and Social Development: Commitment to Action*, International Federation of Social Workers, International Association of Schools of Social Work, International Council on Social Welfare.

ILO (1989) *Indigenous and Tribal Peoples Convention*, International Labour Organization.

是川　夕（2012）『日本における外国人の定住化についての社会階

層論による分析―職業達成と世代間移動に焦点をあてて』内閣府
経済社会総合研究所.

厚生労働省（2008a）『社会福祉士養成施設及び介護福祉士養成施
設の設置及び運営に係る指針について』厚生労働省.

厚生労働省（2008b）『社会福祉士養成課程における教育内容等の
見直しについて』厚生労働省.

厚生労働省（2008c）『これからの地域福祉のあり方に関する研究
会報告書』厚生労働省.

厚生労働省（2014）『平成25年人口動態調査』法務省.

文部科学省（2014a）『学校基本調査』文部科学省.

文部科学省（2014b）『日本語指導が必要な児童生徒の受入状況等
に関する調査』文部科学省.

文部科学省・厚生労働省（2008）『社会福祉士学校及び介護福祉士
学校の設置及び運営に係る指針について』文部科学省・厚生労働
省.

内閣官房（2008）『「アイヌ民族を先住民族とすることを求める決議」
に関する内閣官房長官談話』内閣官房.

日本学術会議地域研究委員会人類学分科会（2011）『アイヌ政策の
あり方と国民的理解（報告）』日本学術会議.

日本学術会議社会学委員会社会福祉学分野の参照基準検討分科会
（2015）『大学教育の分野別質保証のための教育課程編成上の参照
基準―社会福祉学分野（報告）』日本学術会議.

日本社会福祉教育学校連盟（2011）『新「コアカリキュラム」（案）』
日本社会福祉教育学校連盟.

日本社会福祉教育学校連盟（2013a）『一般社団法人日本社会福祉教
育学校連盟入会審査基準』日本社会福祉教育学校連盟.

日本社会福祉教育学校連盟（2013b）『社会福祉士の質の向上に資
するコアカリキュラムに関する研究（報告書）』日本社会福祉教
育学校連盟.

日本社会福祉士会（2005）『社会福祉士の行動規範』日本社会福祉
士会.

Norton, Dolores (1978) *The Dual Perspective: Inclusion of Ethnic
Minority Content in the Social Work Curriculum.* Council on

Social Work Education.

OECD (2014) *International Migration Outlook 2014*, Organisation for Economic Co-operation and Development.

OECD, EU (2015) *Indicators of Immigrant Integration 2015: Settling In*, Organisation for Economic Co-operation and Development.

小内　透編（2010）『2008年北海道アイヌ民族生活実態調査報告書「現代アイヌの生活と意識」』北海道大学アイヌ・先住民研究センター．

札幌地方裁判所（1997）『二風谷ダム判決』札幌地方裁判所．

社会福祉専門職団体協議会（2005）『ソーシャルワーカーの倫理綱領』社会福祉専門職団体協議会．

社会福祉振興・試験センター（2015）『社会福祉士国家試験出題基準』社会福祉振興・試験センター．

衆議院会議・参議院会議（2008）『アイヌ民族を先住民族とすることを求める決議』衆議院会議・参議院会議．

総務省（2006）『多文化共生の推進に関する研究会報告書〜地域における多文化共生の推進に向けて〜』総務省．

総務省行政評価局（2014）『生活保護に関する実態調査結果報告書』総務省．

東京都企画審議室調査部（1989）『東京在住ウタリ実態調査報告書』東京都．

UN (2008) *United Nations Declaration on the Rights of Indigenous Peoples*, United Nations.

UNCERD (2014) *Concluding Observations on the Combined Seventh to Ninth Periodic Reports of Japan*, United Nations.

UNCFR (1994) *Professional Training Series No. 1: Human Rights for Social Work - A Manual for Schools of Social Work and the Social Work Profession*, United Nations.

UNDESA (2013a) *International Migration Policies: Government Views and Priorities*, United Nations.

UNDESA (2013b) *International Migration Report 2013*, United Nations.

UNPFII (2009) *Who are indigenous peoples?*, United Nations.

World Bank (2011) *Migration and Remittances Factbook 2011*, 2nd Ed., World Bank.

第2章 文化の多様性に関する ソーシャルワーク理論及び先行研究

本章の要旨

本章では，文献調査により，ソーシャルワーク・社会福祉分野において文化の多様性に関する国内外の研究動向の整理を目的とした。結果の前半では，国際動向については，英語圏，とりわけアメリカとイギリスにおける文化の多様性に対応するソーシャルワークの理論的な動向について時系列的にまとめた。結果の後半では，日本における研究動向について，関連専門書に加え，文化的な多様性を扱う主要な社会福祉系の博士論文，助成研究，雑誌論文を検出し，整理した。国内外動向の比較検討による考察を踏まえ，結論では，制度的な差別の構造的な要因にも配慮した文化的な力量枠組みの国内導入と，「文化」の概念的な理解について構築主義的な解釈の必要性について指摘した。

1 本章の概要

本章では，以下の目的，研究枠組みと方法等に沿って研究を進めた。

1 本章の目的

研究全体の総合目的は「日本における文化的に多様な人々に対応できる能力，即ち文化的力量（cultural competence）をもつソーシャルワーク専門職の効果的な教育プログラムの構築」である。それに向けて，本章では文化の多様性に関するソーシャルワークにおける国内外の理論的動向の整理を目的とした。

2 | 本章の研究枠組みと方法

　研究の対象は，文化の多様性に対応したソーシャルワークに関する国内外の主要な先行研究とし，これらの文献調査と比較検討を行った。

3 | 本章における倫理的配慮

　本章は文献調査による研究であり，学術誌『社会福祉学』の投稿規程及び日本社会福祉学会研究倫理指針における引用等に関する規定に従った。

2 | 本章の結果

　本節では，英語圏を中心とした諸外国と日本における文化の多様性に関するソーシャルワークの理論的動向をまとめた。

1 | 文化の多様性に関する
国外のソーシャルワーク理論の動向

　国際動向においては，文化の多様性に関するアメリカとイギリス及び英連邦諸国の主要なアプローチについて，その発展の歴史を時系列に沿って整理した。先行研究の材料として，特に専門機関（学校連盟と職能団体）が発行している専門書と，ソーシャルワーク教育で長年に渡って実際に使われており，版を重ねている教科書を参考にし，実践と教育，また次章で紹介しているそれらの基準化の枠組みとなっている理論モデルを取り上げた。つまり，アメリカとイギリスのソーシャルワーク分野において影響力があると考えられる有力な文献を中心とした。

第Ⅰ部　実証的な教育実験のための基盤研究

A｜アメリカの理論的動向

　文化の多様性に対応した実践のために必要な教育について,2004年にアメリカの学校連盟に当たる全米ソーシャルワーク教育協議会（Council on Social Work Education, CSWE）が図書を出版している（Gutierrez他2004）。この中で，次章で紹介しているように，アメリカの職能団体に当たる全米ソーシャルワーカー協会（National Association of Social Workers, NASW）が基準としている文化的な力量（cultural competence）アプローチに至る専門史が書かれている（現行の実践及び教育基準について第3章を参照）。1960年代から1970年代初頭まで展開する各種解放及び公民権運動が一般社会において成果を挙げるまで，文化的に多様な人々への対応に特化した理論モデルが存在しなかったが，1970年代以降，飛躍的な発展がみられる。

a　初期の動向

　19世紀末・20世紀初頭の先駆的なソーシャルワーク実践家は，当時ヨーロッパからアメリカに流入する移民の母文化の維持を唄える者もいれば，明らかに同化主義的な立場を取った者もいた。J.アダムスのハル・ハウスのようなセツルメント運動では，差別と偏見に対する声を挙げる者や，文化的な適応のために医学モデルより更に包括的な実践モデルの必要性を提唱する実践者も現れた。他人種（アメリカ先住民，アフリカ系アメリカ人，ラテン系アメリカ人，アジア系アメリカ人）については，一部は隔離（segregation）の下で実践が行われた。更に，例えばラテン系アメリカ人の集団強制送還に関与したソーシャルワーカーもいたようである。セツルメント運動において，非常に限定的な形で，多人種，とりわけアフリカ系アメリカ人に対する実践と人種間協力への初歩的な関心が一時的に向上した歴史がある。その反面，M.リッチモンドに代表される慈善組織協会（charity organization society, COS）の流れは，民族的なマイノリティに対して主流のアメリカ文化への同化主義とパターナリズム[19]の側面をより強くもっており，病理学的なモデル

第2章　文化の多様性に関するソーシャルワーク理論及び先行研究

に沿ってこれらの人々を逸脱的（deviant）に捉え，結果的にこの学派が1960年代まで主流となった。

b 1970年代の動向

1973年に，この分野の最初の成果の一つとして，NASWがソーシャルワークの実践枠組みにおいて考えられる人種差別的なダイナミックスについて出版を行った（Goodman 1973）。その背景に，あらゆる差別を禁止する公民権法（1964）の制定によって，差別の疑惑が浮上した場合，実践するソーシャルワーカーも，教育するソーシャルワーク校も裁判で起訴されるリスクを負うようになったという消極的といえる側面があったものの，初めて文化の多様性を巡って専門的な議論が活発に展開されることになった。

1976年に，アフリカ系アメリカ人を軸とした公民権運動の延長線上に，アフリカ系アメリカ人に焦点を当てたソロモンが人種的少数者のパワーレス状態（powerlessness）を基礎概念にエンパワーメントの古典的テキストを執筆した（Solomon 1976：9-30）。この中で，パワーレス状態は，効果的な社会機能及び尊重される社会的役割が個人的な充足感をもたらすために必要な感情・対人スキル・知識・物質的資源を活用する力の欠如として定義されている（筆者訳）。ソロモンは，この状態の背景にあるパワー・ブロック（power block）の存在を指摘している。間接的（indirect）なパワー・ブロックは，家族などの重要な他者（significant others）との関わりによって個人の成長体験に含まれるものを意味し，例えば人種的アイデンティティによる低い社会的評価やスティグマなどの内在化（internalization）による低い自己肯定感に起因する低い対人スキルに伴う悪循環が含まれている。また，

19）人種が自然に溶け込む坩堝（melting pot）の神話を前提とするこのプロセスをアメリカ化（Americanization）と呼んでいるが，実際はアメリカ社会において未だに強い影響力をもち，当時は圧倒的な主流であったWASP（White, Anglo-Saxon, Protestant）文化，即ちアングロ・サクソン系でプロテスタントの白人文化への徹底的な同化を意味した。

第I部　実証的な教育実験のための基盤研究

直接的（direct）なパワー・ブロックは，上記の成長体験には含まれないが，社会全体におけるネガティブなイメージや差別によるものを意味し，例えば各種社会サービスへのアクセス拒否及び制限，周囲の否定的な態度や経済的要因による対人スキル向上に必要な教育機会の喪失が含まれている。このパワーレス状態の解消として，ソロモンがアフリカ系アメリカ人のエンパワーメントを提唱し，スティグマ化された社会集団への属性に基づく否定的な社会的評価によって起こるパワーレス状態の軽減を目的として，ソーシャルワーカーがクライエントあるいはクライエント・システムと共に従事するあらゆる活動を展開する過程として定義した（筆者訳）。このエンパワーメント過程の前提としてソロモンは，①クライエントが自分を問題解決の主体として認識できるようになるための支援，②クライエントが実践者をクライエントが必要とする知識と技術を有する者として認識できるようになるための支援，③クライエントが実践者を問題解決における同等の協力者やパートナーとして認識できるようになるための支援，④クライエントが権力構造を多極的なものとして，即ち現状維持に向けた意識の程度が多様である故に権力構造が影響され得る（変化し得る）ものとして認識できるようになるための支援の4段階が必要であると述べている。

　1976年に，同じくアフリカ系アメリカ人の経験を中心にチェスタングらが社会政策において必要になる配慮に関する提言の一環として，人種的マイノリティの社会における二重的な生活体験に重点をおく文化的な二重性理論（cultural duality theory）を示した（Chestang他 1976）。この考え方がアメリカ先住民等のアフリカ系以外の民族集団にも適用され，結果的に前章で詳しく紹介したノートンが1978年にCSWEの報告書において提示した二重枠組み（dual perspective）アプローチのベースとなった（第1章の考察と図1-1～図1-6を参照）。

c　1980年代の動向

　1981年に，デヴォアーらは民族的な感受性（ethnic sensitivity）アプロー

チとして，クライエントが生きる民族的な現実（ethnic reality）に配慮した実践モデルを提唱した（Devore他 1999：54-59, 111-138）[20]。民族的な現実は，民族的な少数者が体験する諸出来事（抑圧，民族集団内の結束や緊張）として定義されている（筆者訳）。これは，社会学における社会階層理論，とりわけM.ゴードンが指摘した社会的階級と民族的属性の接点による社会生活への影響，即ち民族階層（ethclass）概念に基づいている。例えば，前章で紹介した文化的に多様な人々の周縁化現象をこの捉え方によっても解釈できる（第1章を参照）。また，デヴォアーらは，従来の各ソーシャルワーク実践モデル（心理社会的，問題解決型，課題中心型，構造的，システム，エコロジカル，段階的援助過程型，ストレングス視点，エンパワーメント）と民族的な現実の関係についてもアセスメントを行っている。

　1982年に，グリーンは文化人類学的なアプローチに基づく文化的な認識（cultural awareness）枠組みを主張した（Green 1998：11-21）[21]。この定義として，あらゆる社会集団の間に存在する差異と共通点を知りながら，これらの価値観の間に優劣をつけない，そしてあらゆるクライエントとコミュニティの間に存在する多様性を理解し，サービス提供システムとサービス受給クライエントの間に存在する文化的なズレに注目することが示されている（筆者訳）。これは，態度及び価値観のような内面的な変化と，他者に対する受容及び柔軟性のような性質を含む，異なる社会集団に対する理解の発達として定義されている（筆者訳）。具体的に，本枠組みの焦点は，文化的な属性に起因してストレスの感じ方などが異なる故にみられる各種問題や課題を含む社会的・個人的な生活体験の仕方の違いに当たっている。これは，独自の（伝統的な）問題対処法及びそれに向けた独特の援助の求め方（help-seeking behavior）に関する少数民族集団特有の方法を含んでいる。このモデルにおいては，実践者がエスノグラフィー的な手法を通じてこれらに関

---

20) 第5版，初版は1981年。
21) 第3版，初版は1982年。

第Ⅰ部　実証的な教育実験のための基盤研究

する知識を習得し，違う文化の現れ方の比較を絶えず行っていくことになる。

　1986年に，ラムは少数民族的価値観（minority values）を重視している専門書を書いている（Lum 2004）[22]。本書において，文化的に多様な・マイノリティ実践（culturally diverse/minority practice）は，人々の差異及び多様性の重要性と，文化の援助過程における決定的な役割の容認と尊重として定義されている（筆者訳）。具体的には，あらゆる文化に共通（etic）する側面と，各文化に特有（emic）の側面を区別している。そして，西洋近代主義に強く影響を受けているソーシャルワークの価値観（個人の尊厳，個性，自己決定，個人の権利と自由）と，アメリカの少数民族の価値観（集団指向，家族への責任と相互依存，民族の集団的アイデンティティ，自然環境や宗教における調和の重視）はしばしば異なり，それらの間に不調和が生じると指摘されている。その中で，特に拡大家族と宗教組織の役割が強調されている。このような考え方を基盤に，関係構築・問題の特定・アセスメント・介入・終結のような援助過程の各段階において求められる文化的な配慮を記述する実践アプローチが紹介されている（process-stage approach）。ラムは，この類の実践を第3版より文化的に多様な実践（culturally diverse practice）と名付けた。最終的に，このアプローチの決定版として，2005年の関連図書において，当事者研究者によるアメリカ先住民，アフリカ系アメリカ人，ラテン系アメリカ人，アジア系アメリカ人，ダブルの背景をもつ人々[23]，マイノリティ人種の女性，移民及び難民，マイノリティ人種の高齢者等々に対する必要な配慮点をまとめている各論の章を編集している（Lum 2005）。

　1987年に，ホは家族療法の分野から二文化主義（biculturalism）アプローチを唱えた（Ho 2003：5-11）[24]。これは，先述の二重枠組みと類似したシステム論的なモデルで，少数者クライエントが二つの文化に属し，二つの文化

---

[22] 第5版，初版は1986年。
[23] より否定的なイメージの用語で，日常的にいうハーフ。
[24] 第2版，初版は1987年。

システムに参加しており，従って2種類の行動や周囲の期待に対して異なる対処法を求められているとしている。また，マイノリティ性，社会階層の問題，差別，貧困及び失業の外部的要因を考慮する必要性についても指摘している。

1989年に，上述のソロモンによるモデルを継承しているピンダーヒューズは臨床実践の立場から民族的アイデンティティの重要性を主張した（Pinderhughes 1989：1-12）。具体的には，一般社会に存在する偏見による自己肯定感の低下の問題を指摘し，差別等の内在化（internalization）とパワー・ブロック（power block）に対する実践における理解の必要性を強調した。要するに，単なる文化的な理解及び対応に加え，社会における力学（権力構造）への配慮の重要性を改めて指摘した。一方，対処法として民族的な誇り（ethnic pride）の有効性，そしてそれを通した自己肯定感の向上について示した。

1989年に，クロスらはケア・システムの観点から，初めてソーシャルワークにおける文化的な力量を提唱した（Cross他 1989）。つまり，ミクロ・レベルで実践者が身につけなければならないもの以前に，メゾ・レベルのサービス提供機関などの組織の文化的に多様な人々に対応できる力が問われた。[25] 但し，文化的な力量モデルは，もともと隣接領域の心理専門分野から発生しているようである。既に1980年にアメリカ心理学会（American Psychological Association, APA）が実践に必要な力量を提示し，異文化間の力量（cross-cultural competence）を重要な要素として含めた（APA 1980）。

d 1990年代の動向

1993年に，ソーシャルワークの隣接領域では多文化カウンセリング推進協

---

[25] もちろん，ミクロとメゾ両方の前提としてマクロ・レベルの文化的な力量，要するに社会全体あるいは国家行政による文化・民族的マイノリティの扱い方の問題がある。

第I部　実証的な教育実験のための基盤研究

会（Association for Multicultural Counseling and Development, AMCD）の専門基準委員会の取り組みと働きかけにより，APAが基準として文化的な力量のガイドラインを提示している（APA 1993）。1997年に物質乱用・精神保健サービス機構（Substance Abuse and Mental Health Services Administration, SAMSHA）は精神保健福祉分野において文化的な力量の概念の総合的な定義を提供している（SAMSHA 1997：4）。これによると，文化的な力量は，組織・機関・専門職のいずれかがもつ実践技術・行動・態度及び方針の調和した集合体であり，異文化間の実践場面において専門機能を効果的に果たすことを可能とする（筆者訳）。文化的な力量の概念は，専門職の養成及び実践スキルの向上の観点からソーシャルワークに取り入れるようになった。

　1997年に，ラムがソーシャルワーク専門職に求められる文化的な力量の評価可能な枠組みを目指した（Lum 2011）[26]。操作的な定義として，ソーシャルワーク教育現場において学習効果を図る文化的な力量の自己アセスメント・テストを作成し，文化的な認識（awareness）・知識（knowledge）・技術（skill）の主要な三領域を示した。概念的には，多文化クライエントに対して専門機能を効果的に発揮できるために必要な知識と技術の集合体という上述のSAMSHAと類似した定義をしている（筆者訳）。このモデルは，SAMSHAの定義と同様に，文化的な力量をもつ主体をミクロ・メゾ・マクロの複数レベルで想定しており，更に客体（対象となる文化的に多様なクライエント集団）を文化別に分けている[27]。

　この時期に，グリーンらのように，エコロジカル視点をはじめとして，既存のソーシャルワーク実践理論における文化的な多様性に対する配慮の反映の可能性について言及する研究もみられる（例えばGreene他 1998と

---

26) 第4版，初版は1997年。
27) 最新版では，民族集団についてアメリカ先住民族，ヨーロッパ系アメリカ人，アフリカ系アメリカ人，ラテン系アメリカ人，アジア系アメリカ人，ムスリム系アメリカ人に対する力量がそれぞれの当事者研究者による独立した章で書かれている。

第2章　文化の多様性に関するソーシャルワーク理論及び先行研究

Greene他 2009）[28]。

　更に，CSWEは1992年に学校認可基準に，各ソーシャルワーク校のカリキュラムに対して文化の多様性に関連する内容の導入を求める規定を含め，NASWは1996年に倫理綱領に文化的な力量に関する条項を設けた（詳細は第３章を参照）。

e　2000年代の動向

　2001年に，フォングらはガンジー思想[29]に基盤をもつソーシャルワーク介入の二文化化（biculturalization）という方法を提案した（Fong他 2001：6-7）。これにより，西洋型介入方法を文化的少数派，とりわけアジア系や太平洋諸島系のクライエントの世界観に合わせることになる。具体的に，本アプローチでは①介入を助長する民族・文化的な価値の特定，②これらの文化的な価値及びクライエント自身の家族システムの価値観に合う西洋型介入方法の選択，③類似した伝統的な問題対処法の分析と活用，④民族・文化特有の価値及び問題対処法と西洋型介入方法の統合，⑤西洋型介入方法の適用と同時に文化的な価値及び伝統的な問題対処法の強化という５段階を踏むことになる。

　2006年に，他分野より上述のAMCDのメンバーでもあった心理学者のスーは多文化ソーシャルワーク実践（multicultural social work practice, MCSW）のテキストを執筆した（Sue 2006：23-40）。本書において，文化的な力量の多次元モデル（multi-dimensional model of cultural competence, MDCC）が紹介されている（図2-1）。

　三次元は，１）対象集団別の世界観（民族・文化別などの分け方），２）力量の諸要素（認識，知識，技術），３）ソーシャルワーク介入の焦点（個人，

28）第２版，初版は1994年。

29）心理寄りの家族療法分野では，西洋主義と対照的に東洋思想の流れを踏むガンジー技法（Gandhi technique）やハワイ先住民の伝統的な問題対処法であるホ'オポノポノ（ho'oponopono）は以前より活用された経緯がある。

第Ⅰ部　実証的な教育実験のための基盤研究

図2-1　スーによる文化的な力量の多次元モデル

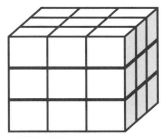

次元1）文化別の分類
次元2）認識・知識・技術の要素別の分類
次元3）個人・組織・社会の主体別の分類

専門職集団，組織・機関，社会全体）となっている。基礎となる文化的な力量要素（competency）になる文化的な認識は，ワーカーの自己認識，即ち自分自身の価値観や偏見などの自己理解と，他者認識，即ち文化的に異なるクライエントの世界観（価値など）の他者理解を含む。これらを基に適切な介入方法の開発及び適用をすることになり，更に構造的な要因，つまり社会の中に潜む少数者に対する制度的な差別や抑圧などの理解も求められる。スーは，文化的な力量の操作的な定義を以下のように定めている（筆者訳）。

　文化的な力量は，クライエントないしはクライエント・システムの最適成長を最大限に保障する専門行動を起こす，あるいは状況調整を行う能力である。文化的な力量に基づくソーシャルワーク実践は，多元的（*pluralistic*）で民主的な社会において求められる専門機能（多様な背景をもつクライエントのためにコミュニケーションする，関わる，交渉する，介入する能力）を効果的に果たすために必要な認識，知識，技術を，サービス提供者が習得する過程として定義される。また，組織的・社会的レベルでは，全ての社会集団により良く対応する新しい理論，実践方法，政策，組織体制の発展のために効果的にアドボケートすることを含む。

2007年に，ラムは先述の著書（Lum 2011）の第3版において，スーの多次元モデルを更に発展させた。前提として社会的文脈（社会の中の多様性，社会において各種少数者が受ける差別と抑圧）とソーシャルワークにおける文化的な力量の努力目標としての社会・経済的正義を追加し，かつ力量要素をジェネラリスト（基礎編）とアドバンスド（上級編）のレベルに分けた（図2-2）。また，文化別の分類に，全ての文化に当てはまる一般編も加えた。最終的に本書でこのモデルの一部を採用しているため，具体的な力量要素のリスト等は第Ⅱ部で詳しく記述されている（第4章と第5章を参照）。

　また，NASWは 2000年に文化的な力量に関する指針声明，2001年に文化的な力量の実践基準，2007年にこれらの基準の達成に向けた指標を制定した（詳細は第3章を参照）。

図2-2　ラムによる文化的な力量の多次元モデル

社会的な文脈（文化的な力量の前提）
多様性・各種差別・抑圧
↓
文化的な力量枠組み

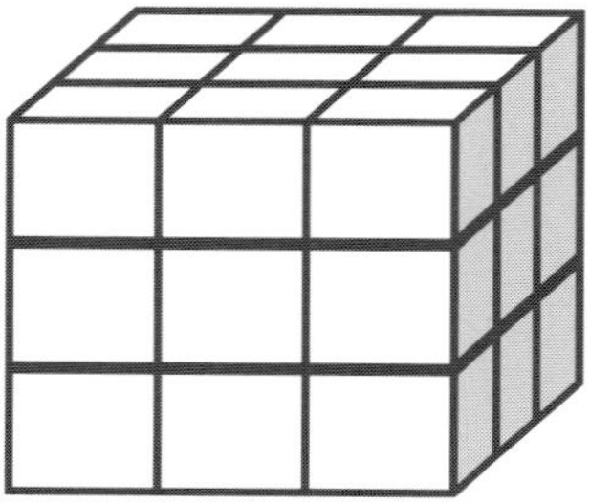

次元1）一般編と文化別の分類
次元2）認識・知識・技術の要素別の分類
次元3）ジェネラリスト（基礎編）・アドバンスド（上
　　　級編）のレベル別の分類
↓
努力目標（文化的な力量の目的）
社会的及び経済的正義

第Ⅰ部　実証的な教育実験のための基盤研究

f 最新の動向

　最も新しい理論的動向の特徴は，単なる対応を超えた，マイノリティ文化へのより深い尊重と，特有の強みや資源を活かすことである。例えば，マルシリアらが2008年に，文化的な力量を超えた実践モデルとして提唱した文化的な基盤をもつソーシャルワーク（culturally grounded social work）を取り上げることができる（Marsiglia他 2014 : 11）[30]。これは，社会変革を促進するために，各文化特有の支援方法とコミュニティの資源を取り入れたソーシャルワーク実践・政策・研究へのアプローチとして定義される（筆者訳）。他にも，文化的な謙遜（cultural humility）などのモデルが存在するが，文化的な力量ほど主流となっておらず，また本書で最終的に目指す教育プログラムの構築に必要な詳細な操作的な定義の策定及び豊富な教材の開発がまだ進んでいないため，これ以上の紹介を割愛する。

　なお，もう一つの近年の動向では，多様性の広義の捉え方で，ジェンダー，障がいの有無，性の多様性，年齢などもこのような枠組みで語られることになってきている（例えばThyer他 2010を参照）[31]。実際に，先述のモデルのほとんどが，版を重ねるに連れ，徐々にこのように拡大されているようである。この考え方に特化した一つの理論的な例として，ラムも関与しているグアダルーペらによる多次元的な文脈に配慮した実践（multidimensional contextual practice）がある（Guadalupe他 2005）。このアプローチは，社会学から発生した交差性（intersectionality）と立場性（positionality）[32]の概念を基礎においている。前者は目の前のクライエントについて上記の多様性要因の重複，後者はそれによって社会の中でクライエントが権力構造に占める位置（マイノリティ性・マジョリティ性）を意味する。即ち，様々な社会集団への同時属性が重視されている。本書では，狭義の文化（人種・民

---

30) 第 2 版，初版は2008年。
31) 第 3 版，初版は1989年。
32) 当事者性とも訳される。

族の多様性）にのみ焦点を当てているため，この類の理論の更なる記述を省略する。

B│イギリスの理論的動向

　ここでは，イギリスの理論的動向の歴史的な発展に焦点を当てるが，社会・歴史的文脈が違うとはいえ，実際に同類のアプローチが英連邦の他の先進国（カナダ，オーストラリア，ニュージーランド）でもみられる（同じ教科書の活用など）。グラハムは，2007年に有色人種特有の課題についてソーシャルワークの専門書を執筆している（Graham 2007）。英国ソーシャルワーカー協会（British Association of Social Workers, BASW）が共同出版者となっている本書において，関連アプローチの歴史的な文脈が網羅的に整理されている。全体的な特徴として，アメリカと比べた場合，文化的な差異よりも，文化・民族的マイノリティに対する差別により強く焦点が当たっているようである。

a　初期の動向

　イギリスの長い帝国・植民地主義の歴史を背景に，戦後復興に必要な労働力として英連邦諸国から（旧）植民地出身者の大量受け入れが起動した。これらの人々に対応するソーシャルワーク・アプローチは，最初の同化主義的な考え方を経て，構造的な不平等の是正として歩み始めた。1960年代以前に個人主義が重視され，個人的な差別と偏見へ焦点が当たっており，1965年に

33）イギリスでも「black」という用語が使われているが，アメリカより意味の範囲が広く，アジア系の人，場合によってアイルランド系の人々まで含まれている。ちなみに，イギリスでは「アジア系」の意味もアメリカより広範囲になっており，東アジア系の人々に加え，例えば南アジア系，要するにインド亜大陸（インド，パキスタン，バングラデシュ，ネパール，スリランカ）の人々に対しても使用される。なお，近年BME（black and minority ethnic）という包括的な用語を採用する場合がみられる。

第Ⅰ部　実証的な教育実験のための基盤研究

差別行為を禁止する多人種間関係法（Race Relations Act, RRA）が誕生した。同時に，1960年代より女性解放運動，人種平等運動，障がい者運動，ゲイ・プライド運動のように，様々な社会運動を背景に特化した実践モデルが発展した。

b　1970年代の動向

ソーシャルワーク全般において，1970年代より社会学系思想に強く影響を受けたラディカル・ソーシャルワーク（radical social work）が著しい経済格差や社会的排除等の問題の解決に向けた批判的（critical）なアプローチとして現れ，文化的に多様な人々にも適用されるようになった。

1978年に，カッツが上記の個人主義的な差別の捉え方を重視し，白人の自己認識（white awareness）の必要性を指摘した（Katz 2003）[34]。このアプローチの下，いわゆる人種認識研修（racial awareness training, RAT）が各地で開催されるようになったが，研修現場では白人に対して攻撃的な側面をもちあわせていたため，実際にはしばしば逆効果であったという評価が後に下されるようになった。また，このモデルは「差別（行為）＝偏見（意識）＋パワー（権力）」という単純に個人レベルの定義に基づいており，構造的な側面を無視していたという点にも不満が残った。

c　1980年代の動向

1983年に，有色人種当事者ソーシャルワーカー及び連帯する専門職協会（Association of Black Social Workers and Allied Professionals, ABSWAP）が形成され，その取り組みも影響し，1980年代後半より文化的な多様性に対するソーシャルワーク界の意識が高まった。例えば，1989年にソーシャルワーク教育養成中央協議会（Central Council of Education and Training in Social Work, CCETSW）が資格規制と取得要件の中に，

---

[34] 第2版，初版は1978年。

第2章　文化の多様性に関するソーシャルワーク理論及び先行研究

55

多人種・多文化社会における効果的な実践のために民族的な感受性（ethnic sensitivity）とともに，構造的な差別へも挑戦できる能力を養うことを必要とする項目を含めることになった。

　1988年に，ドミネリはソーシャルワーク実践シリーズの一部としてBASWが共同出版している専門書において反人種差別的な実践（anti-racist practice, ARP）を提唱した（Dominelli 2008：7-35）[35]。単なる無差別（non-racist）実践を超えて，差別的な構造を変革するために，ソーシャルワーカーがむしろ差別と闘うという発想である。このモデルは，構築主義的な側面が極めて強く，社会的に構築される人種化（racialization）のプロセスを強調している。例えば，人種化された権力関係（特権，周縁化など）や社会学におけるアイデンティティ・ポリティックス（identity politics）の分野を基に，人種化されたアイデンティティの問題を指摘している。具体的には，社会において誰がどうみられるか，つまり誰が「我々，即ち国民」の構成員として認められる（従って様々な受給資格をもっている）か，逆に社会の中で誰が他者化，よって排除されるかという社会構築の過程の重要性が主張されている。ARPの定義自体は，「有色人種」[36]の人々を劣っているように見せかける人種化された社会関係の存在を出発点とする実践であり，専門職界及び社会全体から人種差別的な社会関係とダイナミックスをなくすことを目的とするとなっている（筆者訳）。また，カテゴリー化によって各民族・文化集団への対応の仕方を定めようとしているアプローチを批判しており，あくまでも差別構造の構築に重点をおいている。その中，多次元的な人種差別ダイナミックス（multidimensional racism dynamics, MRD）のモデルを採用している。これによれば，差別は個人的（personal）・文化的（cultural）・制度的（institutional）といった三次元構造の中で起きている（図2-3）。また，これらの次元は相互作用的な関係にあることが本モデルの特徴である。

---

35) 第3版，初版は1988年。
36) 社会的に構築されていることを示すために，原文では引用符が使われている。

第I部　実証的な教育実験のための基盤研究

図2-3 ドミネリによる多次元的な人種差別ダイナミックス

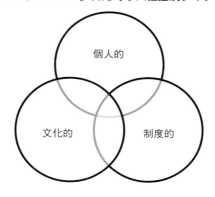

　なお、実践の軸として人種に焦点を当てているARPモデルの流れを現在に至ってバッティ＝シンクレアが引き継いでいる（Bhatti-Sinclair 2011）。

d　1990年代の動向

　1992年に、トムソンがARPを人種以外の多様性要因（ジェンダー、障がいの有無、年齢、性的指向など）に基づく差別にも広げ、反差別的な実践（anti-discriminatory practice, ADP）モデルを発表した（Thompson 2012：26-54）[37]。ADPは、あらゆる差別と抑圧を軽減し、弱体化させ、撤廃するための実践アプローチとして定義されている（筆者訳）。その基盤にあるのは、上記のMRDモデルに類似したPCS分析である。PCSとは、個人的（personal）・文化的（cultural）・構造的（structural）の頭文字を取った略語である。これは、ドミネリによる重複円構造と異なって、むしろ同心円構造となっている（図2-4）。つまり図からして、個人的と文化的な要因は独立した部分がなく、最終的に全てが権力構造や各種社会制度を意味する構造的な要因に左右されるという（筆者からみればより悲観的な）考え方である。

　図2-4において、Pは、無意識的なものを含む個人的な偏見や差別意識を

---

[37]　第5版、初版は1992年。

図2-4 トムソンによる差別のPCS分析

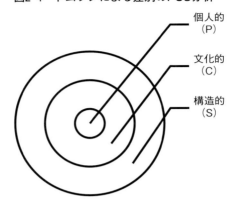

含む。Cは，文化的なステレオタイプや各文化間の序列思考を意味する。例えば，帝国・植民地主義的な歴史の負の遺産を背景に，人種・民族的少数者に対するソーシャルワークにおける病理学的なアプローチの一環として，これらのクライエントの文化的な特徴（様々な習慣や考え方）を欠陥として捉える傾向はここに分類される。そして，Sは，社会階層化と権力構造の問題と限界を指摘している。トムソンは，1998年に本モデルの理論的な基盤をより詳しく紹介する関連著書を書いている（Thompson 2011[38]）。

1999年に，ある人種主義的な集団リンチ殺人事件を契機に，行政調査が行われ，その成果をまとめている膨大なマックファーソン報告が制度的な人種差別（institutional racism）の社会サービスへの影響を指摘し，ソーシャルワークにも改めて強いインパクトを与える出来事となった（Macpherson 1999）。マックファーソンは，制度的な人種差別を次のように定義している（筆者訳）。

ある機関が，受給者の肌の色・文化・民族的背景のため，適切で専門的な

---

[38] 第3版，初版は1998年。

サービス提供に組織的に失敗していることを制度的な人種差別という。制度的な人種差別は，結果的に差別をもたらす諸手順・態度・行動にみられ，発見できる。そのプロセスは，民族的な少数者の人々を不当に扱う無意識的な偏見，無知，不親切さ，人種主義的なステレオタイプを含む。

e　2000年代の動向

　2002年に，ドミネリは上述の社会情勢を契機に，構造的な要因，とりわけ社会において制度化された差別，即ち抑圧をより重視したアプローチとして，ARPの更に踏み込んだヴァージョンである反抑圧的な実践（anti-oppressive practice, AOP）を提示した（Dominelli 2002：59-84）。このモデルのベースには，ポストモダンのパラダイムにおける批判的な社会理論（critical social theory）がある。このAOPは，専門的な実践において抑圧を撤廃すると同時に，より広い社会における抑圧の撲滅に貢献することを目的としたソーシャルワーカー実践として定義されている（筆者訳）。

　2010年に，オキティクピらは，文化の多様性に対応したソーシャルワーク実践モデルの発展の歴史を日本でもよく知られている心理学者のC.ロジャースの非指示的カウンセリングやF.P.バイステック牧師の七原則に辿っている（Okitikpi他 2010：37-51，111-125）。具体的には，個別化，非審判的な態度，無条件の肯定，共感的な理解，誠実さ，信頼，守秘，積極的な傾聴のような特徴がクライエントの文化の受容とワーカー自身の偏見に対する気づきに結びつくと解釈されている。なお，本書において，従来の理論的アプローチ（危機介入，課題中心，認知・行動，精神分析）とADPの統合の可能性についても分析が行われている。

f　最新の動向

　先述の差別禁止法RRAは2000年に改正され，否定的な側面（差別の禁止）よりも肯定的な側面（多様性の促進）が重視されるようになった。この影響もあり，近年イギリスでも広義の多様性概念に焦点が当たり，アメリカと同

様に，多様性アプローチ（diversity approach）の下で，性的少数者，ジェンダー，障がい，年齢差別等の問題も人種・民族・文化的マイノリティと一括して語られることが多くなっている（例えばGast他 2012やThompson 2009）。上述と同じ理由で，詳しい説明を割愛する。

2 │ 文化の多様性に関する国内の研究動向

　日本における文化の多様性に対応するソーシャルワークに関する国内の先行研究は，歴史的・社会的文脈からして，英語圏より少ない。ここでは，同じくある程度の影響力をもつと思われる研究に注目するために，ソーシャルワーク・社会福祉分野の主要な専門書，博士論文，助成研究，雑誌論文について，それぞれ時系列的に取り上げる。

A │ ソーシャルワーク・社会福祉学の専門書（5件）

　ソーシャルワーク・社会福祉分野において，文化の多様性に特化した専門書は以下の通りである。

　2003年に，石河が異文化ソーシャルワークについて執筆したものが最初のテキストである（石河 2003）。その定義として，クライエントとワーカーが異なる文化に属する援助関係において行われるソーシャルワーク，もしくはクライエントが自分の文化と異なる環境に移住，生活することによって生じる心理的・社会的問題に対するソーシャルワークであるという捉え方を提供した。本書は，著者の経験とアメリカの関連動向の簡単なまとめを経て，異文化間ソーシャルワークの視点の各種福祉分野における必要性を訴えた。続いて，日本の中の異文化の人々を紹介し，北米の実践例について整理した。また，日本の現場のニーズを踏まえ，事例を通してミクロ・メゾ・レベルの異文化間援助技術を①クライエントの社会的・文化的背景の尊重，②日本的な価値観のものさしの認識，③クライエントの日本への適応度のアセスメン

第Ⅰ部　実証的な教育実験のための基盤研究

ト，④クライエントの代弁，⑤通訳の活用，⑥ソーシャルネットワークの拡大と示した。そして，マクロ・レベルでも，様々な教育・研修や調査研究を含む支援システムの構築に向けて提言を行った。最後に，実態調査と地域レベルの取り組み事例が記述された。

2005年に，安保らはクロスボーダー（越境性）概念と福祉の関係について図書出版を行った（安保他 2005）。この中で，例えば曙は国境を跨いだグローバル空間の国内における問題について，多文化共生社会の形成に向けて中国からの人の移動を例に，日本側の受け入れの問題と解決方法について書いた。更に，武田は地域社会におけるエスニック・コミュニティの参加型手法によるエンパワーメントを示唆した。

2006年に，前章でも引用している移住連より医療ソーシャルワーカー向けの事例集が出版された（外国人医療・生活ネットワーク 2006）。「医療ソーシャルワーカーのための外国人医療講座」の成果を取りまとめているこの図書が取り扱っている問題領域は，入国管理手続き，家庭内暴力及び人身取引被害者の保護，医療通訳，様々な制限がある中で医療制度の活用，そして日本で暮らす難民が抱える特有の問題を含み，関連法制度に関する豊富な資料集も付け加えられていた。

2012年に，石河は提唱したアプローチを多文化ソーシャルワークとして再定義した（石河 2012）。これによると，多文化ソーシャルワークは①多様な文化的な背景をもつクライエントに対して行われるソーシャルワーク，②クライエントとワーカーが異なる文化に属する援助関係において行われるソーシャルワーク，③クライエントが自分と違う文化と異なる環境に移住，生活することにより生じる心理的・社会的問題に対するソーシャルワークである。このような実践を担う多文化ソーシャルワーカーについて，有資格の専門職（社会福祉士）に限定せず，当事者ワーカー，日本人ワーカー，関連機関の実践の３タイプが区別された。本書では，著者のリードの下でこのようなワーカーを養成している愛知県の講座も詳しく紹介された。そして，先述のミクロ・メゾ・レベルの援助技術の６項目に，言語的対応と社会資源の仲

第2章　文化の多様性に関するソーシャルワーク理論及び先行研究

介が加わり，合計8項目となった。また，プロセスについて，インテーク，情報収集，アセスメント，プランニング，介入，評価，終結の段階が示され，詳細な事例検討が掲載された。

同じく2012年に，筆者の論文も引用している日本社会福祉会は実践事例を中心に多文化ソーシャルワークの教科書を編集した（日本社会福祉士会2012）。定義として前段落の石河によるものが採用された。本書は，社会福祉士に馴染みのない入国管理制度を紹介してから，在留資格によって適用できる社会制度，自治体などのその他の公的サービス，またインフォーマルなものを含めた社会資源について整理した。そして，分野別の多文化課題は医療，メンタルヘルス，教育（不就学問題），児童虐待，国際結婚，家庭内暴力，労働，難民，高齢，障がい，更生保護を網羅しており，医療，婦人保護，教育，児童，高齢者について事例及びその留意点がまとめられた。

なお，先住民族，とりわけアイヌについて扱うソーシャルワーク・社会福祉の専門書が存在しないようである。

B｜ソーシャルワーク・社会福祉学の博士論文（10件）

本研究に関連のある博士論文を国立情報学研究所の学術情報データベース（CiNii）において検索した結果，主に外国系住民の地域福祉と高齢者・介護福祉に関する以下のものが検出された。

2000年に，文は社会教育・生涯学習を通じた多文化・多民族の地域創造に関する実践分析を行った（文 2000）。2003年に，伊藤は非正規滞在者の医療問題に焦点を当て，エスニック・マイノリティへの社会福祉援助，特にアドボカシーと，そのためのネットワーク化の必要性を指摘した（伊藤2003）。2004年に，二階堂は在日コリアンを取り上げ，民族間共同及び民族共生の地域福祉を通したコミュニティ再生の可能性に関する都市社会学的な研究を展開した（二階堂 2004）。2008年に，金はバイリンガル話者に着目し，在日コリアン認知症高齢者への母国語による個人回想法による有効なコミュ

第Ⅰ部　実証的な教育実験のための基盤研究

ニケーションの可能性について検討した（金 2008）。

2010年に、三本松は多文化化する社会における排除の問題から出発し、韓国の多文化統合政策を参考にしながら、ソーシャル・インクルージョンについて検討し、多文化社会における福祉コミュニティ形成とそのための地域福祉等政策について論じた（三本松 2010）。同じく2010年に、李は在日コリアン高齢者の介護を中心に外国系住民の高齢者保健福祉について論じた（李 2010）。2012年に、門はインターフェース概念、即ちクライエントと環境の接点の視点から、その装置となり得る民間セクターの役割について指摘した（門 2012）。同じく2012年に、荻野は重要な他者概念を活用して、ベトナム難民の定住化の過程を調査し、そのために必要な社会福祉援助について示唆を行った（荻野 2012）。2013年に、竹中は権利、運動、排除をキーワードに、民族的マイノリティへのNPO支援について、とりわけ在日コリアン高齢者を例にまとめた（竹中 2013）。2014年に、加山は地域福祉の観点から沖縄系ディアスポラの文化的排除の現状分析を行い、必要な援助について検討した（加山 2014）。

これらのうち、最後のものは琉球民族について取り上げたが、アイヌが代表する先住民族についても体系的にまとめているソーシャルワーク・社会福祉関連の博士論文はなく、移民に関する内容が主となっているようである。

C｜ソーシャルワーク・社会福祉学の 科学研究費助成研究 （33件）

文化の多様性に関する社会福祉学分野の主要な助成研究については、国立情報学研究所の科学研究費助成事業データベース（KAKEN）を活用し、筆者の本研究（Virag 2011-12）以外に下記のものが検索結果に含まれた（報告が終了している事業のみ、開始年度順）。

2002-03年度：横田らは参加型手法を活用した外国系コミュニティ形成に取り組んだ（横田 2002-03）。

2002-05年度：松本は日本国籍男性との子どもを育てるフィリピン系シング

ル・マザーへの調査から，このような母子世帯の生活実態等を明らかにした（松本 2002-05）。

2005-06年度：原島らはフィリピン系母子家庭に関する調査研究から，渡航前及び来日後のオリエンテーション，継続的な適応支援，更にマクロ・レベル対策の必要性を訴えた（原島 2005-06）。

2005-07年度：横山はアイヌ女性の複合的な差別の実態を調べた（横山 2005-07）。

2005-08年度：三本松らは社会的排除の観点から外国系住民の集住地域を調査し，支援不足のため，不安定な生活基盤と生活課題の複合，即ち不安定的な定住化の問題を指摘した（三本松 2005-08）。

2006-07年度：黒田は在日コリアンの認知症高齢者の介護において母語による回想法の有効性を観察した（黒田 2006-07）。

2006-08年度：伊藤は相談機関の記録の分析から，非正規滞在者の労災問題について指摘を行った（伊藤 2006-08）。佐々木は国内における国際ソーシャルワークの観点から，人身取引被害者支援を取り上げ，日米比較を試みた（佐々木 2006-08）。

2007-08年度：横田らはオーストラリアにおける日本人への支援と日本における東南・東アジア系移住女性への実践例の比較から，多文化ソーシャルワークの必要性について指摘した（横田 2007-08）。

2007-09年度：武田らはフィリピンから日本等へ渡っている移住労働者のセルフヘルプ活動に焦点を当て，参加型手法によるエンパワーメントの効果を明らかにした（武田 2007-09）。添田は日本における多文化社会に対応できるソーシャルワークの開発に向けて，英米の訪問調査を行い，主流のアプローチについて調べた（添田 2007-09）。竹中は在日コリアン高齢者によるデイサービスへの参加と福祉社会形成の関係について分析した（竹中 2007-09）。

2008-10年度：黒木らは主に国際結婚によって形成される多文化家族が抱える諸問題を取り上げ，日本を含む東アジア諸国の研究を行った（黒木

第Ⅰ部　実証的な教育実験のための基盤研究

2008-10）。中尾らは特に農村部において，国際結婚に伴って生じている新たな福祉的なニーズについて日中韓の調査研究を行った（中尾 2008-10）。

2008-11年度：鍾は中国残留孤児が帰国してからの老後の生活実態を調査した（鍾 2008-11）。

2009-10年度：寺田は，外国系の家庭内暴力被害者の支援について検討した（寺田 2009-10）。

2009-11年度：森谷は日本でエスニック・コミュニティを形成できない少数派の難民に焦点を当て，特有の問題を指摘し，グループワークなど，集団支援の効果を明らかにした（森谷 2009-11）。

2009-13年度：三本松らは外国系住民への支援について日韓比較研究を展開した（三本松 2009-13）。

2010-11年度：荻野はベトナム難民の調査から，多文化間接触を促進するために，ソーシャルワーク的な支援が必要であると指摘した（荻野 2010-11）。

2010-12年度：中嶋らは国際結婚のため，日本を含む東アジア地域へ移住する女性が直面する課題を整理し，彼女らのウェルビーイングの増進に向けて欧米との比較をした（中嶋 2010-12）。野田らは難民に焦点を当て，メンタルヘルスやコミュニティ形成などの課題を整理し，支援者養成を含めて，文化的な感受性の必要性を示唆した（野田 2010-12）。加藤らは在日コリアンと中国帰国者の高齢者及び障がい者の幸福感などに関する調査から，生活支援における文化的な配慮の必要性について明らかにした（加藤 2010-12）。舟木はオーストラリアの事例を見本に，映像メディア制作による多文化創作ワークショップを実施し，外国系当事者にとって社会参画の機会提供，日本人参加者にとって多文化共生意識の向上といった効果を確認した（舟木 2010-12）。

2010-13年度：佐々木は上記の人身取引対策に関する研究を継続した（佐々木 2010-13）。

2011-13年度：黒木らは先述の東アジア研究の継続と共に，適切な社会福祉専門職養成教育の必要性についても論じた（黒木 2011-13）。武田はエンパワーメント及びソーシャルアクションの促進を目的に，各種参加型アプローチによる研究を日本も含めて数ヶ国で実施した（武田 2011-13）。添田は，外国籍住民や外国にルーツをもつ利用者に関する社会福祉士実習モデルに向けて，母子支援団体を中心に調査した（添田 2011-13）。寺田は家庭内暴力のある多文化家族において，子どもへの影響について調べ，行動変容理論等を中心に支援の必要性について明らかにした（寺田 2011-13）。保科は外国系住民の生活課題について相談援助事例を分析した（保科 2011-13）。朝倉はブラジルとハワイの日系人支援を日本の移民支援現状に関する調査比較を基に，日本における専門的な多文化ソーシャルワークの必要性について訴えた（朝倉 2011-13）。松島らは外国につながる子ども及び保護者が就学の際に直面する課題について，保育所と小学校の調査を行った（松島 2011-13）。千葉らは国際結婚における子育て支援ニーズについてアンケート調査を行った（千葉 2011-13）。

2012-13年度：全はアジア型の多文化コミュニティワークの模索に向けて，日本と台湾の地域の調査を行った（全 2012-13）。

D｜ソーシャルワーク・社会福祉学の雑誌論文（39件）

　国立情報学研究所の学術情報データベース（CiNii）においてソーシャルワーク及び社会福祉分野の主要な学術誌を対象に検索を行った。フリーワード検索した単語は以下の通りである（日本語と英語対訳）。なお，現代において学術研究以外に日常用語として著しい差別用語とされている古い表現も含まれている。

・「先住（民/族）」と「indigenous」
・「原住（民/族）」と「native」
・「土人/民（族）」と「aborigine/al」

・「アイヌ（民族）」と「Ainu」

・「多文化（主義/共生）」と「multicultural(ism)」

・「異文化（間）」と「cross-culture(al)」

・「外国/系/人/籍（者）」と「foreign(er) national(ity)」

・「移民」と「immigrant」

・「難民」と「refugee」

・「移住（者）」と「migrant(tion)」

・「文化（的）／カルチャー/チュラル」と「culture(al)」

・「民族（的）／エスニック/シティ」と「ethnic(ity)」

・「人種（的）」と「race(ial)」

　検索対象誌の範囲を全国的な専門業界に影響がある次の主要なものに設定した。

・日本社会福祉学会発行『社会福祉学』

・日本ソーシャルワーク学会発行『ソーシャルワーク学会誌』

・相川書房発行『ソーシャルワーク研究』

・鉄道弘済会発行『社会福祉研究』

・日本ソーシャルワーカー協会発行『ソーシャルワーカー』

・日本社会福祉士会発行『社会福祉士』

　本検索の結果，主要なソーシャルワークないしは社会福祉系の専門雑誌に掲載された日本における文化の多様性に関する論文は，以下の通りである。

　1983年に，『ソーシャルワーク研究』に外国系妻の支援に関するフィッシャーの翻訳論文が掲載された（Fisher 1983）。

　同じく1983年より，『社会福祉研究』が文化的に多様な人々を対象とした実践報告を掲載するようになった。本企画の一環として，村田はベトナム難民支援について（村田 1983），尹は高齢分野の異文化福祉について（尹 1998），大川は寿町の外国系の人々が抱える問題について（大川 2001），花崎は外国系女性の自立支援について（花崎 2003），渡辺は外国系住民支援全般について（渡辺 2004），山本は大久保地域を中心に新宿における多文

第2章　文化の多様性に関するソーシャルワーク理論及び先行研究

化交流の取り組みについて（山本 2006），大久保は外国人研修・技能実習生の問題について（大久保 2009），中西は外国に文化的な背景のある子どもの学習支援について（中西 2010），三浦は在日コリアンの歴史的な居住地域におけるニューカマーを含めた更なる多文化化に向けた取り組みについて（三浦 2013）述べた。

1985年に，山中は異文化間コミュニケーションに焦点を当て，文化的なマイノリティを対象としたソーシャルワークの課題を取り上げ，具体的に同化主義の撤廃，日本人ワーカーの異文化間トレーニング，そして当事者ワーカーの登用について指摘した（山中 1985）。松本は，インドシナ難民の定住問題について紹介した（松本 1985）。

1992年に，中村は移住労働者の生活保護，とりわけ医療問題について論じた（中村 1992）。

1994年に，石河はソーシャルワーク事例を通じて国際離婚問題を取り上げた（石河 1994）。渡戸は社会学的な実態調査を踏まえた外国系住民の福祉問題について指摘した（渡戸 1994）。

1997年に，石河は事例を踏まえて無国籍児支援の諸課題を整理した（石河 1997）。武田はアメリカの難民支援実践の紹介を経て，日本における類似したアプローチの導入の必要性を指摘した（武田 1997）。加藤は，人権をキーワードに，地域社会の外国系構成員の増加に関して扱った（加藤 1997）。

2001年に，遠藤は日本独特の植民地主義の歴史に起因している外国籍戦傷病者の社会福祉問題について述べた（遠藤 2001）。

2002年に，金子は人種・エスニシティ論も踏まえ，人々の差異やアイデンティティに配慮した福祉国家の再建，とりわけ社会福祉対象論の再構成について論じた（金子 2002）。

2005年に，『ソーシャルワーク研究』のインクルージョンをキーワードにした特集の中で，門は外国籍住民の生活支援について述べ，多様性を認めるためのソーシャルワークの必要性を強調した（門 2005）。森は，難民及び庇護希望者支援について論じた（森 2005）。

第Ⅰ部　実証的な教育実験のための基盤研究

2006年に，荻野は日本の難民受け入れ情勢について整理した（荻野 2006）。

2009年に，石河は上述の専門書で詳しく紹介している多文化ソーシャルワークの必要性を訴えた（石河 2009）。雨宮は，重複するマイノリティ性に関する事例研究を行った（雨宮 2009）。

同じく2009年に，『ソーシャルワーク研究』が外国系住民支援に関する特集を編集した。この中で，武田は総論として日本における多文化ソーシャルワークについて整理し，文化的な力量の必要を主張した（武田 2009）。実践現場を紹介する各論においては，コマファイらはフィリピン系コミュニティの自助活動について（Comafay他 2009），寺田は外国系の家庭内暴力被害者の支援について（寺田 2009），文は在日コリアンが抱える諸問題とそれらを対象とするソーシャルワークについて（文 2009），高杉は難民支援について（高杉 2009），加山は沖縄系コミュニティを対象としたソーシャルワークについて（加山 2009）紹介した。

2010年に，『ソーシャルワーク研究』はグローバル化とソーシャルワークの関係について特集を掲載した。これにおいて，孫はグローバル化がソーシャルワークへ及ぼす影響との関連で，国際移住者への対応についても含め（孫 2010），横田は移住女性が直面する困難について述べた（横田 2010）。

2011年に，稲葉は外国系の人々の住居に関する諸課題をまとめた（稲葉 2011）。

2012年に，鎌田は東日本大震災で被災した福島県の結婚移住者が抱える問題について整理した（鎌田 2012）。

2014年に，石河は改めて多文化ソーシャルワークの現状と必要性等について整理した（石河 2014）。荻野は，上述の助成研究の延長線上，インドシナ難民支援について論じた（荻野 2014）。木下は，在日コリアン高齢者のアクセシビリティ問題を巡って，アウトリーチの必要性を指摘した（木下 2014）。

2015年に，筆者の研究は先住民族アイヌの福祉について語る初めてのもの

第2章　文化の多様性に関するソーシャルワーク理論及び先行研究

になった（Virag 2015）。

3 本章の考察

　本節では，国内外の動向の比較を行ってから，本研究の主軸である文化的な力量アプローチについて述べ，最後にそもそも論として「文化」の定義の仕方を巡る問題に関して取り上げる。

1 国内外動向の比較検討

　まずは，用語について整理すると，国際的に多文化ソーシャルワーク（multicultural social work）という呼び方はもはや使われていないようである。本分野に特化した主要な国際学術誌も，その名称を『多文化ソーシャルワークに関する学術誌（Journal of Multicultural Social Work)』から『ソーシャルワークにおける民族・文化的な多様性に関する学術誌（Journal of Ethnic & Cultural Diversity in Social Work)』に変更している。これは，前章でみてきたソーシャルワーク教育のグローバル基準における関連章のタイトルにある文化的及び民族的な多様性という用語と一致している（巻末の付録1-1を参照）。しかしながら，国内では未だに多文化ソーシャルワークという言葉が主流となっているようである。

　次に，文化の多様性に関する研究の，国内の社会福祉・ソーシャルワーク分野における少なさの問題がある。本章の結果では国内の研究動向についてはかなり網羅的に取り上げたが，関連する論文等の検出件数が少ないように考えられる。なぜなら，調べた期間の間に行われた研究の総数（対象誌に掲載された全ての論文の数など）から考えれば，この領域に関するものの出現率は非常に少ないことになるからである。もしかしたら，2008年のリーマンショック及びその後の不況における大量解雇等（第1章を参照）の影響も

第I部　実証的な教育実験のための基盤研究

あり，国内の文化の多様性に関する調査研究のピークは『ソーシャルワーク研究』に関連特集が掲載された2009年であると思われる。しかし，該当する日本の住民が増えているにもかかわらず，その後の研究動向はむしろ落ち着いてきているようである。重要な専門書は2012年に 2 冊も出版されているが，主要な関連図書の発行もそれ以降ないままである。助成研究は数多く存在するが，その成果はここで取り上げた主要な専門誌への掲載まで至っていない。その背景に包括的な理論的枠組みが不足している問題もあるかもしれないが，英米で1960年代以降の理論的動向の飛躍的な発展をもたらした差別禁止法の制定の著しい影響についても忘れてはならない。日本では，国際法や憲法が差別ケースでしばしば適用できるものの，このような具体的な国内の法律が欠如しており，ソーシャルワーカーにも「差別しない」実質上の法的な義務が生じていないと付け加える必要がある。

　そして，文化・民族的に多様な人々を対象としたソーシャルワーク的なアプローチについていえば，アメリカではワーカーや組織の文化的な対応能力に，イギリスでは構造的な要因として社会の中に存在する制度的な差別，即ち抑圧に焦点が当たっており，どちらも専門職の高い意識を前提としている。同時に，日本の研究の傾向として，地域福祉の視点，例えば非専門職（無資格）のソーシャルワーク実践者の養成や活用を含めたコミュニティにおける社会資源の開発に焦点が当たっているように思える。具体的には，前提として多言語などの資源，また正規の国家資格カリキュラムにおける内容が不足しているという社会的な現状がある。また，英語圏で重視されている上述の認識的な側面よりも，国内では入国管理制度や在留資格別の制度適用の問題等の知識的な面が先行している場合がある。研究面では，網羅的な理論的枠組みの確立よりも，実践報告的なものが国内で多くみられる。その中で，対象となるクライエント集団は制度に沿った縦割りの分類（医療，高齢者，児童，家庭内暴力，保育・教育など）になっている傾向がある。但し，文化・民族集団別の分け方（在日コリアン，ベトナム難民，フィリピン系など）も一部みられる。なお，本書では取り上げていないが，国内の文化の多様性へ

第 2 章　文化の多様性に関するソーシャルワーク理論及び先行研究

の対応ではなく，他国の多文化実践に関する調査報告も多く存在する。更に，同じように省略したが，文化的に多様な人々を生活者，クライエントとしてではなく，人材，とりわけ介護の担い手として扱う福祉分野の研究も少なからずある。

　最後に，国内の先住民族に関する研究が極めて少ないと指摘せざるを得ない。例えば，日本のアイヌを対象とした社会福祉・ソーシャルワーク的な研究はほぼ皆無である。前章で調べた生活難に鑑みれば，これは圧倒的に不足していることになる。実際には，本書で割愛したが，日本の研究者による海外の先住民族（ニュージーランドのマオリ，カナダ・アメリカ先住民など）の福祉に関する報告の方が多いという皮肉的な状況となっている。

　なお，引用された多くの文献の著者名からも分かるように，共通している点として，国内外とも，当事者研究者の活躍を取り上げることができる。

2 文化的な力量アプローチの採用の必要性

　日本でも文化の多様性に対応できる専門職人材を育てるための包括的，かつ具体的で詳細な理論枠組みとして，国際動向において先述した先駆的な理論モデルの中から，文化的な力量アプローチを活用する必要性があると考えられる。その必要性について，例えば石河や武田のように本分野の主要な国内の研究者も既に指摘している。理由として次のようなことがいえる。

　文化的な力量アプローチは，ソーシャルワークで必要なミクロ・メゾ・マクロという3レベルとも適用可能なモデルを提供している。よって，日本の専門職が相談援助技術として求められるケースワークからコミュニティワークまで，更に社会資源の開発を含む組織・制度的な体制整備まで含まれていると思われる。また，専門職団体がよく発達しているアメリカを中心に，国際的には本アプローチに沿ったソーシャルワーク実践及び教育の基準化も進められているようである。その影響もあり，更に新しい実践モデルが存在するとはいえ，文化的な力量は教材などの既存材料が最も豊富に揃っているア

第Ⅰ部　実証的な教育実験のための基盤研究

プローチであると考えられる。そして，国内では学習効果まで測る実証的な研究報告がなかなかみられなかったが，文化的な力量は，その程度を評価できる各種測定ツールも存在する点が大きな意味をもち，国内で学習効果を測るためにも活用できる可能性がある。

　但し，アメリカで主流化している文化的な力量アプローチを採用すると同時に，その一環として，イギリスのように文化的に多様なクライエントを取り巻く制度的な差別の問題にも焦点を当て，ソーシャルワークにおいてそれにも配慮する必要があると念頭におくべきである。

3 ｜「文化」の概念的な理解

　「文化」の概念であるが，国内でその定義が十分に議論されていないようである。前章で示したソーシャルワークのグローバル定義とソーシャルワーク教育のグローバル基準と同じように，国際的な理論の中でも，文化を構築主義的な枠組みで捉えることが一般的になっている（国際専門職団体の定義は第1章を参照）。要するに，民族や人種の概念と同様に，本来は誰がどの文化に属しているかについては実証的に測りにくい（そして，そもそも測るべきではないかもしれない）という国際スタンダードに注意すべきである。これは，例えばM.フーコーのような社会学者に由来するポストモダンのパラダイムに立脚したイギリスの理論的動向から顕著であるが，アメリカの著者も類似した定義を採用している。

　ここで例として二つの定義を紹介する。ラム（Lum 2011：18）によると，文化は共有及び学習された意味（解釈）と行動であり，個人的・社会的な適応・成長・発達を目的として，社会活動の文脈において伝達される（筆者訳）。また，マルシリアら（Marsiglisa他 2014：25）は，共有された価値観・伝統・規範・慣習の特定可能な集合体であり，これらはコミュニティにおいて人々がどのように考え，行動するかを左右するという定義を提供している（筆者訳）。要するに，ソーシャルワークにおける文化の概念は，DNAや「血」な

どの人種主義・血統主義的な論じ方とカテゴリー化よりも，人と社会的な環境の相互作用の中で発生するという流動性に焦点が当たっている。たまたま社会化の過程において環境から伝達・学習されたものである故に，グローバル定義やグローバル基準で示されているように，変化や脱学習も可能である。例えば，我々が考える「日本文化」はどれほどダイナミックに変わり続けているか，単純な例として携帯電話，殊にスマートフォンが普及する前後の人間関係において求められている対人スキルや人付き合いのマナー（知り合う，待ち合わせるなど）の急速な変化を思い浮かべると分かる。しかし，社会的に構築されたものであるとはいえ，社会集団内で共有されているため，その中を生きる者にとって規範は社会的な現実として存在し，考え方や行動を強く規定している。このような意味で，本人の世界観とそれに起因する様々な習慣等である。もちろん，その集団の価値等の内在化のレベルに個人差があることにも注意する必要があり，これを集団内の多様性と呼んでいる。例として，全ての日本女性が着物の着付けに熱心に取り組んでいるわけではないこと，また日本で常に箸を使って和食を食べていることでもないことを取り上げることができる。

しかし，個人と社会環境の関係についていえば，ある文化集団への属性は相互作用に強く影響を受ける双方向の現象である。つまり，その人の価値観などを成す文化的なアイデンティティ（帰属意識）という個人的な要素に加え，周囲がその人の属性をどのようにみて，判断しているかという社会的な要素も存在する。これは，日本では国際結婚や旧植民地出身者及びその子孫の問題を考えた場合に重要になってくる。例えば，ある人が日本に馴染んでおり，「日本文化」というアイデンティティを強くもっていても，周りから「外人」や「ハーフ」のようにみられ，不当な扱いを受ける可能性が残っている[39]。従って，「日本語が達者だから」や「日本文化に精通しているから」と

---

39) 前章でみてきたように，国籍取得と帰化も十分にあり得るため，無論これは国籍という単に法的な位置付けの問題でもない。

第Ⅰ部　実証的な教育実験のための基盤研究

いう理由だけで，クライエントが文化的な力量をもったソーシャルワークの対象外になることにはならない。なぜならば，マジョリティの目線によるマイノリティ性に起因する課題を抱える可能性が依然として残るからである。

4 本章の結論：構造的な要因への配慮と構築主義的な概念理解が必要

　以上の考察から，文化的な力量モデルに沿ったソーシャルワーク教育の必要性を指摘できる。また，その前提となる文化の構築主義的な概念理解の採用と，制度的な差別のような文化の多様性を巡る構造的な要因への配慮も無視できないことが明らかになった。

5 総合的な枠組みとなる基礎用語の整理

　理論的動向の整理と先行研究の検討に対する上記の結論に基づいて，本書における基本的な概念の定義を以下のように行う。

　【文化】については，「学習された価値及び信仰の形態と行動様式の影響を受けている特定の人々の集団がもつ生活習慣（筆者訳）」という定義を用いる（Lum 2004：98）。

　【日本における文化的に多様な人々】を「日本文化（だけ）に属さないと社会的にみられている日本の住民」と構築主義的に定義し，社会的構築物としての流動的な性質を反映し，強調する。

　【文化的な力量】として，「組織・機関・専門職のいずれかがもつ実践技術・行動・態度及び方針の調和した集合体であり，異文化間の実践場面において専門機能を効果的に果たすことを可能とする能力（筆者訳）」というものを採用する（SAMSHA 1997：4）。

　以上は本書の研究枠組みとなる。

第2章　文化の多様性に関するソーシャルワーク理論及び先行研究

本章の引用文献（ABC順）

雨宮　寛（2009）「マイノリティのなかのマイノリティを支える―障害児と貧困と外国人の家族の支援を通して（事例研究）」『ソーシャルワーク研究』（相川書房）35(1)，51-57.

安保　則夫・細見　和志・武田　丈・池埜　聡編（2005）『クロスボーダーからみる共生と福祉―生活空間にみる越境性』ミネルヴァ書房.

APA (1980) *Cross-cultural Competencies: A position Paper*, American Psychological Association.

APA (1993) *Guidelines for Providers of Psychological Services to Ethnic, Linguistic, and Culturally Diverse Populations*, American Psychological Association.

朝倉　美江（2011-13）『多文化共生地域福祉論の構築』科学研究費助成事業.

Bhatti-Sinclair, K. (2011) *Anti-Racist Practice in Social Work*, Palgrave Macmillan.

Chestang, L., Cafferty, P. (1976) *The Diverse Society: Implications for Social Policy*, New York Association Press.

千葉　千惠美（2011-13）『国際結婚の子育て支援について』科学研究費助成事業.

Comafay Nicolle・Mensendiek Martha（2009）「在日フィリピン人コミュニティの自助組織活動」『ソーシャルワーク研究』（相川書房）35(3)，189-197.

Cross, T. L., Bazron, B. J., Dennis, K. W., Isaacs, M. R. (1989) *Towards a Culturally Competent System of Care*, Child and Adolescent Service System Program Technical Assistance Center.

Devore, W., Schlesinger, E. G. (1999) *Ethnic-Sensitive Social Work Practice (5th Ed.)*, Allyn & Bacon.

Dominelli, L. (2002) *Anti-Oppressive Social Work Theory and Practice*, Palgrave Macmillan.

Dominelli, L. (2008) *Anti-Racist Social Work (3rd Ed.)*, Palgrave Macmillan.

第Ⅰ部　実証的な教育実験のための基盤研究

遠藤　正敬（2001）「戦争犠牲者に対する社会福祉の陥穽―いまだ癒えぬ外国籍戦傷病者の傷痕」『社会福祉研究』（鉄道弘済会）82，106-113．

Fisher Phyllis, K.（山木　允子訳）（1983）「外国人妻と外国人治療者―臨床診断のための意義」『ソーシャルワーク研究』（相川書房）8(4)，304-310．

Fong, R., Furuto, S. eds. (2001) *Culturally Competent Practice: Skills, Interventions, and Evaluations*, Allyn & Bacon.

舟木　紳介（2010-12）『外国人定住支援を目的とした多文化ソーシャルワーク実践におけるICTの活用』科学研究費助成事業．

外国人医療・生活ネットワーク編（2006）『外国人の医療と福祉―NGOの実践事例に学ぶ』現代人文社．

Gast, L., Patmore, A. (2012) *Mastering Approaches to Diversity in Social Work*, Jessica Kingsley.

Goodman, J. A. (1973) *Dynamics of Racism in Social Work Practice*, National Association of Social Workers.

Graham, M. (2007) *Black Issues in Social Work and Social Care*, Policy Press.

Green, J. W. (1998) *Cultural Awareness in the Human Services: A Multi-Ethnic Approach (3rd Ed.)*, Allyn & Bacon.

Greene, R. R., Watkins, M. eds. (1998) *Serving Diverse Constituencies: Applying the Ecological Perspective*, Walter de Gruyter.

Greene, R. R., Kropf, N. (2009) *Human Behavior Theory: A Diversity Framework (2nd Ed.)*, Transaction.

Guadalupe, K. L., Lum, D. (2005) *Multidimensional Contextual Practice: Diversity and Transcendence*, Brooks/Cole Thomson Learning.

Gutierrez, L., Zuniga, M., Lum, D. eds. (2004) *Education for Multicultural Social Work Education: Critical Viewpoints and Future Directions*, Council on Social Work Education.

花崎　みさを（2003）「在日外国人女性への生活救護の現状と課題（実践報告）」『社会福祉研究』（鉄道弘済会）88，88-94．

原島　博（2005-06）『日本人の子を養育するフィリピン人母子世

帯に対する社会福祉支援のあり方に関する研究』科学研究費助成
事業.

Ho, M. K. (2003) *Family Therapy with Ethnic Minorities (2nd Ed.)*, Sage.

保科　寧子（2011-13）『複合的な生活課題をもつ在日外国人の生活
課題の分析とその支援方法の検討』科学研究費助成事業.

稲葉　佳子（2011）「在住外国人の居住を取り巻く課題と支援」『社
会福祉研究』（鉄道弘済会）110，130-137.

石河　久美子（1994）「増加する国際離婚―ソーシャルワーカーと
しての介入方法」『ソーシャルワーク研究』（相川書房）20(2)，
134-139.

石河　久美子（1997）「無国籍児をめぐる諸問題―問われる援助の
方法」『ソーシャルワーク研究』（相川書房）22(4)，301-306.

石河　久美子（2003）『異文化間ソーシャルワーク―多文化共生社
会をめざす新しい社会福祉実践』川島書店.

石河　久美子（2009）「多文化ソーシャルワーカーの必要性―求め
られる在住外国人支援の充実化」『社会福祉研究』（鉄道弘済会）
105，2-9.

石河　久美子（2012）『多文化ソーシャルワークの理論と実践―外
国人支援者に求められるスキルと役割』明石書店.

石河　久美子（2014）「在住外国人の現状と支援の課題：多文化ソー
シャルワークの普及に向けて」『社会福祉研究』（鉄道弘済会）
120，54-61.

伊藤　正子（2003）『非合法滞在外国人の医療問題と社会福祉援助：
ソーシャルワーカーのアドボカシー・ネットワーク（博士論文）』
東洋大学（社会福祉学）.

伊藤　正子（2006-08）『非合法滞在外国人の医療・生活問題と福
祉援助-労災・職業病問題の現状と課題を中心に』科学研究費助
成事業.

全　泓奎（2012-13）『多文化コミュニティワークのモデル構築に関
する研究』科学研究費助成事業.

門　美由紀（2005）「インクルージョンの視点からみた外国籍住民
への生活支援」『ソーシャルワーク研究』（相川書房）30(4)，243-

第Ⅰ部　実証的な教育実験のための基盤研究

253.

門 美由紀（2012）『外国人住民への生活支援に於ける民間セクターの役割：その効用と課題（博士論文）』東洋大学（社会福祉学）.

鎌田 真理子（2012）「東日本大震災を経た福島県における外国人居住者（結婚移住者）の現状と課題」『ソーシャルワーカー』（日本ソーシャルワーカー協会）12，17-25.

金子 充（2002）「ポスト産業社会における社会福祉の対象理解」『社会福祉学』43(1)，33-43.

加藤 彰彦（1997）「国際化する地域社会における在住外国人の人権」『社会福祉研究』（鉄道弘済会）70，127-133.

加藤 博史（2010-12）『外国人高齢者障害者の生活支援に関する調査〜外国人福祉委員制度の確立にむけて』科学研究費助成事業.

Katz, J. H. (2003) *White Awareness: Handbook for Anti-Racism Training (2nd Ed.)*, Oklahoma.

加山 弾（2009）「沖縄からの移住者コミュニティへの支援—ポストコロニアリズムへの照射とソーシャルワークの課題」『ソーシャルワーク研究』（相川書房）35(3)，222-228.

加山 弾（2014）『地域福祉におけるソーシャル・エクスクルージョンに関する研究：沖縄からの移住者のコミュニティへの文化的排除をめぐって（博士論文）』関西学院大学（人間福祉学）.

金 春男（2008）『異文化に配慮した在日コリアン認知症高齢者の生活支援：バイリンガル話者の特徴に着目して（博士論文)』大阪府立大学（社会福祉学）.

木下 麗子（2014）「在日コリアン高齢者の福祉アクセシビリティ：地域包括支援センターによる夜間中学校へのアウトリーチ実践から」『ソーシャルワーク学会誌』（日本ソーシャルワーク学会）29，1-15.

黒田 研二（2006-07）『異文化に配慮した認知症高齢者の生活支援に関する研究』科学研究費助成事業.

黒木 保博（2008-10）『東アジアの社会的リスクとソーシャルワーク理論と実践に関する研究』科学研究費助成事業.

黒木 保博（2011-13）『多文化社会の社会的リスクに対応するソーシャルワーク理論と実践論に関する研究』科学研究費助成事業.

第2章　文化の多様性に関するソーシャルワーク理論及び先行研究

李　錦純（2010）『在日外国人の高齢者保健福祉に関する研究：在日コリアン高齢者に関する統計と介護の視点から（博士論文）』大阪大学（人間科学）.

Lum, D. (2004) *Social Work and People of Color: A Process-stage Approach (5th Ed.)*, Brooks/Cole Thomson Learning.

Lum, D. (2005) *Cultural Competence, Practice Stages, and Client Systems: A Case Study Approach*, Brooks/Cole Cengage Learning.

Lum, D. (2011) *Culturally Competent Practice: A Framework for Understanding Diverse Groups and Justice Issues (4th Ed.)*, Brooks/Cole Cengage Learning.

Macpherson, W. (1999) *A Report into the Death of Stephen Lawrence*, Stationery Office.

Marsiglia, F. F., Kulis, S. (2014) *Diversity, Oppression, and Change: Culturally Grounded Social Work (2nd Ed.)*, Lyceum.

松本　基子（1985）「我が国におけるインドシナ 3 国難民の定住状況―ベトナム・ラオス・カンボジア」『ソーシャルワーク研究』（相川書房）11(3)，193-202.

松本　佑子（2002-05）『在日外国人母子家族に関する実証的研究』科学研究費助成事業.

松島　京（2011-13）『保育所に通う外国につながりのある子どもと保護者の支援に向けて』科学研究費助成事業.

三浦　和人（2013）「地域社会の多文化化の実現に向けて：川崎市ふれあい館の取り組みを通じて（実践報告）」『社会福祉研究』（鉄道弘済会）118，97-104.

文　孝淑（2000）『日本の社会教育・生涯学習と異文化・異民族間〈共同交流学習〉：政令指定都市・川崎市における実践と地域創造に関する研究（博士論文）』一橋大学（社会学）.

文　鐘聲（2009）「在日コリアン高齢者に対するソーシャルワーク」『ソーシャルワーク研究』（相川書房）35(3)，205-212.

森　恭子（2005）「日本のアサイラムシーカーの生活問題および支援の現状と課題―難民認定申請者をめぐる諸問題を中心に」『ソーシャルワーク研究』（相川書房）31(3)，214-220.

森谷　康文（2009-11）『日本で生活する難民申請者の生活状況と適応過程の把握』科学研究費助成事業.

村田　哲康（1983）「ベトナム難民援護事業実践の現状と課題―聖隷福祉事業団ベトナム難民援護施設愛光寮の事例を通して（実践報告）」『社会福祉研究』（鉄道弘済会）32, 55-59.

中村　尚司（1992）「外国人労働者の生活保護適用問題―医療保障をめぐって」『社会福祉研究』（鉄道弘済会）54, 33-38.

中西　久恵（2010）「日本で暮らす外国の文化的背景をもつ子どもへの教育支援」『社会福祉研究』（鉄道弘済会）107, 84-91.

中尾　美知子（2008-10）『国際結婚における「移動の価値」の研究―日中韓農村部の福祉的支援の視点から』科学研究費助成事業.

中嶋　和夫（2010-12）『地域のグローバル化に対応した社会福祉援助技術と体系化に関する基盤研究』科学研究費助成事業.

日本社会福祉士会編（2012）『多文化ソーシャルワーク―滞日外国人支援の実践事例から学ぶ』中央法規出版.

二階堂　裕子（2004）『〈地域福祉と民族関係〉に関する都市社会学的研究（博士論文）』大阪市立大学（文学）.

野田　文隆（2010-12）『日本に在住する難民の生活実態調査とその福祉的支援の構築に向けた研究』科学研究費助成事業.

荻野　剛史（2006）「わが国における難民受入れと公的支援の変遷」『社会福祉学』46(3), 3-15.

荻野　剛史（2010-11）『多文化間における「かかわり」促進のためのソーシャルワーク支援の方法』科学研究費助成事業.

荻野　剛史（2012）『「ベトナム難民」の「定住化」プロセス：「ベトナム難民」と「重要な他者」とのかかわりに焦点化して（博士論文）』東洋大学（社会福祉学）.

荻野　剛史（2014）「インドシナ難民の生活問題解消に向けた地域支援者によるサポートの特性」『社会福祉学』55(1), 100-112.

Okitikpi, T., Aymer, C. (2010) *Key Concepts in Anti-Discriminatory Social Work*, Sage.

大川　昭博（2001）「在日外国人（外国籍市民）問題におけるソーシャルワーク的視点と課題―横浜市福祉局寿生活館の場合（実践報告）」『社会福祉研究』（鉄道弘済会）80, 136-139.

大久保　真紀（2009）「国内の動向　日本の１次産業を支える外国人研修・実習生」『社会福祉研究』（鉄道弘済会）105，110-115.

Pinderhughes, E. (1989) *Understanding Race, Ethnicity and Power: The Key to Efficacy on Clinical Practice*, Free Press.

SAMSHA (1997) *Cultural Competence Guidelines in Managed Care Mental Health Services*, Substance Abuse and Mental Health Services Administration.

三本松　政之（2005-08）『複合的多問題地域にみる社会的排除の構造理解とその生活福祉支援に関する比較地域研究』科学研究費助成事業.

三本松　政之（2009-13）『移住生活者の生活支援と移民政策における福祉課題の位置づけに関する日韓比較研究』科学研究費助成事業.

三本松　政之（2010）『多文化福祉社会形成におけるコミュニティ福祉政策（博士論文)』東洋大学（社会福祉学).

佐々木　綾子（2006-08）『国内における「国際ソーシャルワーク」の試み―人身売買被害者保護・支援を例に』科学研究費助成事業.

佐々木　綾子（2010-13）『人身取引と「社会福祉」―国際社会福祉の確立を目指して』科学研究費助成事業.

添田　正輝（2007-09）『日・米・英国におけるエスニシティにかかわるソーシャルワークの理念と教育方法の研究』科学研究費助成事業.

添田　正揮（2011-13）『社会福祉士実習施設における外国にルーツを持つ人に対する支援の現状と実習プログラム』科学研究費助成事業.

Solomon, B. B. (1976) *Black Empowerment: Social Work in Oppressed Communities*, Columbia.

孫　良（2010）「グローバリゼーションとソーシャルワーク実践」『ソーシャルワーク研究』（相川書房）36(3)，4-13.

Sue, D. W. (2006) *Multicultural Social Work Practice*, Wiley.

高杉　公人（2009）「難民支援とソーシャルワーク―エコロジカル・アプローチを用いた日本におけるソーシャルワーク実践に関する一考察」『ソーシャルワーク研究』（相川書房）35(3)，213-221.

武田　丈（1997）「異文化適応のためのグループワーク―難民への
　エンパワーメントを中心とした介入」『ソーシャルワーク研究』（相
　川書房）22⑷，275-282.

武田　丈（2007-09）『多文化・国際ソーシャルワークに共通する
　セルフヘルプ活動に関する国際比較研究』科学研究費助成事業.

武田　丈（2009）「日本における多文化ソーシャルワークの実践と
　研究の必要性」『ソーシャルワーク研究』（相川書房）35⑶，176-
　188.

武田　丈（2011-13）『国際ソーシャルワークにおける参加型アクショ
　ンリサーチの有効性に関する実践研究』科学研究費助成事業.

竹中　理香（2007-09）『マイノリティ支援の福祉NPOへの参加主
　体が福祉社会形成に与える影響に関する研究』科学研究費助成事
　業.

竹中　理香（2013）『民族的マイノリティの生活支援における福祉
　NPOの果たす役割に関する研究：在日コリアン高齢者の権利と
　参加をめぐって（博士論文）』日本福祉大学（社会福祉学）.

寺田　貴美代（2009）「外国人DV被害者に対するソーシャルワー
　ク実践に関する考察―母子生活支援施設における被害者支援の聞
　き取り調査から」『ソーシャルワーク研究』（相川書房）35⑶,
　198-204.

寺田　貴美代（2009-10）『外国人ドメスティック・バイオレンス
　（DV）被害者の実態把握と支援プログラムの構築』科学研究費
　助成事業.

寺田　貴美代（2011-13）『異文化を背景に持つ子どもたちのDV被
　害に関する実態把握と支援プログラムの開発』科学研究費助成事
　業.

Thompson, N. (2009) *Promoting Equality, Valuing Diversity: A
　Learning and Development Manual*, Russell House.

Thompson, N. (2011) *Promoting Equality: Working with Diversity
　and Difference (3rd Ed.)*, Palgrave Macmillan.

Thompson, N. (2012) *Anti-Discriminatory Practice: Equality, Di-
　versity and Social Justice (5th Ed.)*, Palgrave Macmillan.

Thyer, B. A., Wodarski, J. S., Myers, L. L., Harrison, D. F. (2010)

Cultural Diversity and Social Work Practice (3rd Ed.), Charles C Thomas.

Virag Viktor（2011-12）『日本における多文化ソーシャルワーク教育プログラムの構築』科学研究費助成事業.

Virag Viktor（2015）「ソーシャルワーク専門職のグローバル定義と先住民族アイヌの福祉―国際専門職団体の立場と国内状況」『ソーシャルワーカー』（日本ソーシャルワーカー協会）14, 27-44.

渡戸　一郎（1994）「外国人住民の生活・福祉問題―実態調査からの展望」『社会福祉研究』（鉄道弘済会）60, 182-187.

渡辺　英俊（2004）「外国籍居住者の生活問題と支援活動の実際（実践報告）」『社会福祉研究』（鉄道弘済会）91, 59-62.

山本　重幸（2006）「多文化交流の実践―東京都新宿区での取り組み（実践報告）」『社会福祉研究』（鉄道弘済会）95, 82-88.

山中　速人（1985）「異文化マイノリティ・ソーシャルワークの目標と課題―異文化間コミュニケーションの立場から」『ソーシャルワーク研究』（相川書房）11(3), 230-238.

横田　恵子（2002-03）『当事者参加型リサーチによる滞日外国人コミュニティの開発』科学研究費助成事業.

横田　恵子（2007-08）『エスニック・マイノリティによる多文化ソーシャルワーク実践の日豪比較研究』科学研究費助成事業.

横山　穣（2005-07）『アイヌ民族における複合差別の実態に関する研究』科学研究費助成事業.

尹　基（1998）「異文化福祉の現場から―特別養護老人ホーム「故郷の家」とその働き」『社会福祉研究』（鉄道弘済会）73, 100-105.

鍾　家新（2008-11）『中国残留孤児の老後の実態に関する研究』科学研究費助成事業.

第3章 文化の多様性に対応した専門職育成の国際比較

本章の要旨

本章では，ソーシャルワーク教育の文化的な多様性に関するグローバル基準を満たした教育プログラムの日本における構築のために参考になる諸外国の教育について整理することを目的とした。具体的には，先駆的と思われるアメリカ，カナダ，オーストラリア，ニュージーランドの学士課程の訪問調査を行った。結果では，各国の実践及び教育基準の関連規定を把握した後，大学の教育事例を示した。計4校を取り上げ，文化の多様性に関する教育方針と主要な科目についてまとめた。考察では，諸外国の共通した教育法について述べてから，グローバル基準との比較検討を行い，各国が本基準にどのように対応しているか明らかにした。結論では，日本の教育プログラムの構築に向けた優先課題として，文化的な認識，具体的には自己認識と他者認識の向上を重視した教育，そしてそのための参加型学習の必要性を指摘した。

1 本章の概要

本章では，以下の目的，研究枠組みと方法等に沿って研究を進めた。

1 本章の目的

研究全体の総合目的は「日本における文化的に多様な人々に対応できる能力，即ち文化的力量（cultural competence）をもつソーシャルワーク専門職の効果的な教育プログラムの構築」である。それに向けて，本章では，文化の多様性に関する諸外国の先駆的な専門職養成について整理することを目

的とした。

2 │ 本章の研究枠組みと方法

　研究の対象は文化的な多様性への取り組みに関して日本より長い歴史をもつ移民国家（アメリカ，カナダ，オーストラリア，ニュージーランド）を主とし，文化の多様性に関する専門的なソーシャルワーク教育のグローバル基準への対応法について訪問調査で調べた。具体的には，大学におけるソーシャルワーク学士課程（Bachelor of Social Work, BSW）を中心に調べた。2012年1月14日と22日の間にアメリカのアリゾナ州立大学（Arizona State University, ASU）を，1月23日と30日の間にカナダのヨーク大学（York University, YU）を，2月4日と12日の間にオーストラリアのヴィクトリア大学（Victoria University, VU）を，2月13日と20日の間にニュージーランドのオークランド大学（University of Auckland, UA）を訪ねた。[40]

　ソーシャルワークの実践基準（倫理綱領等）とソーシャルワーク教育における文化の多様性に関する各国における学校の認可基準（accreditation standards）及びそれらに基づく実際のカリキュラムについて資料収集を実施した。具体的な授業内容及び教授法，また諸基準への対応について教員との協議・聞き取りを行った。協議・聞き取りの対象者は，以下の通りである。

〇アメリカの場合：アリゾナ州立大学公共学部ソーシャルワーク学科

　（Arizona State University, College of Public Programs, School of Social Work）

　・ソーシャルワーク課程の総括責任者／1名

---

40) 実質上，カナダではトロント大学（University of Toronto）とライヤソン大学（Ryerson University），オーストラリアではニュー・サウス・ウェールズ大学（University of New South Wales），ニュージーランドではマッセー大学（Massey University）とユニテク技術学院（Unitec Institute of Technology）の短時間訪問も行った。

第Ⅰ部　実証的な教育実験のための基盤研究

・博士課程の総括責任者／1名

・修士課程の総括責任者／1名

・学士課程の総括責任者／1名

・実習教育の総括責任者／1名

・文化の多様性に関する主要な必須科目内容を開発した教員／1名

・文化の多様性に関する主要な必須科目の教員／7名

・学内の実習講師／1名

・実習先の実習指導者／1名

・博士課程の学生／5名

・その他教職員／2名

○カナダの場合：ヨーク大学教養・専門職養成学部ソーシャルワーク学科

（York University, Faculty of Liberal Arts & Professional Studies, School of Social Work）

・ソーシャルワーク課程の総括責任者／1名

・大学院の総括責任者／1名

・学部の総括責任者／1名

・実習教育の総括責任者／1名

・文化の多様性に関する主要な必須科目内容を開発した教員／1名

・文化の多様性に関する主要な必須科目の教員／3名

・博士課程の学生／1名

○オーストラリアの場合：ヴィクトリア大学人文・教育・人間開発学部社会科学・心理学科

（Victoria University, Faculty of Arts, Education and Human Development, School of Social Sciences and Psychology）

・ソーシャルワーク課程の総括責任者／1名

・実習教育の総括責任者／1名

・文化の多様性に関する主要な必須科目の教員／2名

・国際関係担当教員／1名

第3章　文化の多様性に対応した専門職育成の国際比較

○ニュージーランドの場合：オークランド大学教育学部カウンセリング・対人サービス・ソーシャルワーク学科

（University of Auckland, Faculty of Education, School of Counseling, Human Services and Social Work）

・ソーシャルワーク課程の総括責任者／1名

・文化の多様性に関する主要な必須科目の教員／2名

・留学生担当教員／1名

アメリカでは，文化の多様性に関する科目の授業への参与観察もできた。

また，聞き取り項目等の調査枠組みとして，ソーシャルワーク教育の文化的な多様性に関するグローバル基準の9項目を採用した。それによると，学校が目指すべき点は以下の通りである。

・基準1：文化的な多様性に関する教育経験の豊かさの確保

・基準2：文化的な多様性に関する教育目標の設定

・基準3：文化的な多様性に関する問題の実習内容における反映

・基準4：学生の文化的な多様性に関する自己認識の機会の提供

・基準5：学生の文化的な多様性に関する感受性の向上及び知識の増大

・基準6：固定概念（stereotype）と偏見の最小化及び差別の実践を通じた再生産の防止

・基準7：学生の異文化間の関係構築及び処遇能力の保障

・基準8：基本的人権の学習アプローチの保障

・基準9：学生の自分自身を知る機会の提供

（原文及び和訳の全文は巻末の付録1-1に掲載している。）

3 | 本章における倫理的配慮

本章は，公開されている資料の収集及び大学教員との協議・聞き取りを主たる方法としているため，予想される危害あるいは不利益が発生しないと判断した。また，各大学あるいは教員が開発し，著作権を有しているシラバス

第I部　実証的な教育実験のための基盤研究

などについては，学術誌『社会福祉学』の投稿規程及び日本社会福祉学会研究倫理指針における引用等に関する規定に従った。

2 | 本章の結果

結果では，諸外国において文化の多様性に関するソーシャルワーク実践及び教育基準（調査時点で最新のもの）についてまとめてから，各国の教育実態を示すために，大学の対応例を取り上げる。

1 | 文化の多様性に関する
諸外国のソーシャルワーク実践基準

ここでは，第1章で国際及び国内レベルで整理したように，倫理綱領や行動規範などのソーシャルワークに係る実践基準における文化の多様性に関する各国の規定をまとめた。

A | アメリカの基準

全米ソーシャルワーカー協会（National Association of Social Workers, NASW）は，制定している倫理綱領に，1996年より文化的な力量に関する独立した節を含め，2008年改正版は人種，民族，出身国，年齢，婚姻状態，政治的な信仰，宗教，在留資格，精神的及び身体的な障がいに関する社会的な多様性及び抑圧に対する理解の必要性と，それを習得するために教育を受ける義務について定めている（NASW 2008a）。また，NASWは2000年にソーシャルワーク専門職に求められる文化的な力量について声明を発表した（NASW 2000）。この声明に基づき，2001年にソーシャルワーク実践に必要な文化的な力量の基準が示された（NASW 2001）。これは，①倫理と価値，②自己認識，③異文化間知識，④異文化間技術，⑤サービス

第3章　文化の多様性に対応した専門職育成の国際比較

提供，⑥エンパワーメントとアドボカシー，⑦多様な人材，⑧専門教育，⑨言語的な多様性，⑩異文化間リーダシップの10基準に関してまとめている。更に，2007年にこれらの基準を達成するために，詳細な指標が示されている[41]（NASW 2007a）。

　そして，人種差別に関しては，NASWが2005年に指針声明を発表した（NASW 2005：280）。これにおいて，人種差別は，人種・肌の色・民族・継承文化を理由にして，ある社会集団による他の社会集団に対する優越感と，それに基づく考え方及び権力の発揮による行動として定義された（筆者訳）。声明文の内容は，教育，雇用，住居及び地域，医療及び精神保健，公的扶助，社会福祉，司法などの領域において人種の問題を巡ってNASWがアドボケートしていることを明確にした。その後，2007年にNASW会長イニシアティヴの下で，ソーシャルワーク専門職と制度的な差別の関係について呼び掛ける冊子が発行された（NASW 2007b：5）。本書では，制度的あるいは構造的な差別について，差別的な結果をもたらし，もしくはある社会集団の構成員を他の社会集団より優先するために作動している社会・経済・教育・政治的な力と各種政策から成り立っているという定義が採用された（筆者訳）。そして，このような制度・構造的な差別をなくすために，ソーシャルワーク専門職の行動計画が提示されている。なお，NASWは2008年に，同じように会長イニシアティヴの一環として，9.11後の反テロ戦争によって生じた移民・難民の社会的な排除に関して，移民政策ツールキットを発行した（NASW 2008b）。その内容に，声明文の他に，移民に関するデータ集や議員への手紙の書き方などのソーシャルアクションに必要なツールが含められた。

41）本書のベースとなった研究論文の執筆時点で，文化的な力量に関するNASW基準及び指標の改正が行われていたが，最新版は草案の段階で，パブリック・コメントを募集中であったため，本書では取り上げないことにする。

第Ⅰ部　実証的な教育実験のための基盤研究

B│カナダの基準

2005年に，カナダ・ソーシャルワーカー協会（Canadian Association of Social Workers - Association Canadienne des Travailleurs Sociaux, CASW-ACTS）は最新の倫理綱領を採択した（CASW-ACTS 2005a）。この序文に，ソーシャルワーカーは差別を許さないと明確に書かれ，特に年齢，障がいの有無，民族的な背景，ジェンダー，言語，婚姻状態，出身国，政治的な関係，人種，宗教，性的指向，社会・経済的な地位が強調された。また，差別について本書は，識別される差異やステレオタイプに基づいて，人々に対する不利な扱い方や否定的あるいは偏見的な態度をとることという定義を採択している。そして，この倫理綱領は中核となるソーシャルワーカーの価値を並べており，最初の価値に人々固有の尊厳と価値に対する尊重が選ばれた。なお，本価値の背景にある原則の中に，ソーシャルワーカーはカナダ社会の多様性を認識し，尊重すると含められた。

CASW-ACTSは，倫理綱領の補足資料として，倫理的実践ガイドラインを定めた。この中では，クライエントに対する倫理的責任において，クライエントの利益の優先に関する諸項目に，ソーシャルワーカー自身が上記のような差別を行わないことが再確認された（CASW-ACTS 2005b）。そして，文化的な認識と感受性に関する独立した節が設けられた。更に，社会に対する倫理的責任では，ソーシャルアクションへの参加について，先述のような差別の防止及び撤廃に向けてアドボカシーなどの努力をすると明記された。また，ソーシャルワーカーが，同様にカナダ社会及び世界における文化・社会的な多様性の尊重の促進に向けて働きかけなければならないと付け加えられた。なお，専門的な援助関係，学生（実習生）を含む同僚，そして職場に関する倫理的な責任においても，ガイドラインの様々な箇所で，文化に対する配慮を意味する文化的な感受性の必要性について述べられている。

C｜オーストラリアの基準

　豪州ソーシャルワーカー協会[42]（Australian Association of Social Workers, AASW）の倫理綱領は，2010年に1999年版のものが大幅に改正された（AASW 1999, 2010）。1999年の前ヴァージョンと比べ，最も大きく変わったのは，文化の多様性に関する内容であった（AASW 2011）。第一に，先住民族であるアボリジニ及びトレス海峡諸島民に対する使命感・責任が強化された。第二に，文化の多様性への対応として，単なる文化的な認識と文化的な感受性[43]に代わり，文化的な安全性[44]（cultural safety）と文化的な力量[45]が強調されるようになった。新倫理綱領の序文において以下のことが確認された。

・アボリジニ及びトレス海峡諸島民の先住性
・先住民族が直面してきた／いる歴史的及び現代的な不利益
・文化的に感受的で，安全で，力量のある実践を保証するソーシャルワーカーの責任

　倫理綱領における文化の多様性に関する次の記述は，ソーシャルワーク実践の文脈に関わるものである。ソーシャルワークは，個人及び社会・文化・物理的環境の接点において展開されていると書かれることになった。ソーシャルワークの価値の部分では，個人の尊重及び社会正義と，文化的な権利及び差別への取り組みの観点から述べられた。倫理的実践及び判断の章では，

----

42) オーストラリアには，この全国的な職能団体以外に，先住民族の当事者ワーカーをまとめている専門職組織も存在し，アボリジニ・トレス海峡諸島民ソーシャルワーカー全豪連合協会（National Coalition of Aboriginal and Torres Strait Islander Social Workers Association, NCATSISWA）という名称である。
43) ここでは，クライエントとワーカー自身の文化（価値観，考え方，偏見，行動など）の認識と，そのソーシャルワーク実践への効果的な活用という解釈が採用されている。
44) ここでは，アイデンティティが否定されず，ニーズが満たされ，自己が尊重される精神・社会・感情・物理的に安全な環境という解釈が採用されている。
45) ここでは，文化的に適切なサービス提供及び職場の実現という解釈が採用されている。

第Ⅰ部　実証的な教育実験のための基盤研究

ワーカー自身の文化及び偏見など，またこれらの倫理的な判断へ及ぼす影響を認識することが規定された。文化アドバイザーの活用も含め，倫理的な判断における文化的な配慮の必要性が示された。倫理的な実践の責任に，まずは文化的に安全な職場で働くソーシャルワーカー自身の権利と多様な文化的な考え方をもつ権利が確認された。一般的な倫理責任として，最初に人間の尊厳及び価値の節があるが，この中で他者の文化の尊重と，特に先住民族の文化的な知識及び能力の高い評価が定められている。

　文化的に安全で，感受的で，力量のある実践は独立した節となっており，下記の内容となっている。

① 　ワーカー自身の文化的アイデンティティや偏見などの実践へ及ぼす影響の理解も含め，文化の重要性を認識することによる文化的に感受的な実践の展開

② 　文化アドバイザーとの積極的な協働も含め，クライエントの文化の理解

③ 　文化間及び各文化内の多様性の認識

④ 　宗教とスピリチュアリティの認識及び尊重

⑤ 　多様な文化的文脈における守秘義務や自己決定の捉え方の理解

⑥ 　通訳の活用も含め，クライエントにとって言語的にアクセス可能なサービスの提供

⑦ 　教育，管理，政策策定などにおける文化的な課題の認識

⑧ 　文化的に安全で，感受的で，力量のある実践方法の開発への参加

⑨ 　先住民に関して当事者の利害関係者による指導の追求

⑩ 　文脈を尊重した文化的に安全な児童家庭サービスの提供

⑪ 　文化的な背景の異なる同僚やキーパーソンとの協働

⑫ 　反差別的あるいは反抑圧的な実践原則[46]の活用を通じ，文化及び言語的に多様な集団が経験する差別などの抑圧[47]の認識及びそれへの働きかけ

---

46) ここでは，社会階層化及び構造的な不平等を改善するソーシャルワーク実践という解釈が採用されている。

続いて，社会正義及び人権に関する責任として，多様性の尊重と，反抑圧的な実践原則の活用によるあらゆる形態の差別や抑圧の防止及び撤廃が規定された。これにおいて，資源へのアクセスからの排除をなくすために，福利（well-being）の実現に必要な肯定的な差別が正当化された。また，ソーシャルワーカーは先住民族の独特な各種権利と同時に，文化的な義務も認識すると記された。次に，実践的力量に関する責任の中に，文化的な助言を積極的に求めることが含まれた。専門的な援助関係の境界に関する責任において，身体的な接触を巡るジェンダーなどの視点を含めた文化的な配慮が指摘された。同じく，利害関係者に関する責任において，文化的な要素の認識が求められた。贈り物などの交換に関する倫理的な判断において，文化的な配慮が必要になると記述された。また，特に農村部などの小規模コミュニティにおける特定の文化集団の利害に注意を払わなければならないということになった。

　クライエントに対する責任において，自己決定に関する記述に，文化などに起因して自己決定が制限されているクライエントに対して，そのような障壁をなくすように働きかける責任が含まれた。同僚に対する責任として，先住民族をはじめとした文化的な背景の異なる場合における多様な文化的な価値及び経験の尊重が基準となった。職場に対する責任において，サービス提供に関しては，抑圧的で文化的に不適切な方針や手続きに対する挑戦，またそれらの報告・通告及び改善が責任として課された。文化的な理由により特定の実践に従事できないと主張するソーシャルワーカーには，その正当な理由を示す説明責任が確認された。また，管理職は，文化的な指導も含めたスーパービジョン体制を整備しなければならないと記された。同じように，スーパービジョンや実習において多様な文化的背景をもつワーカーにとって文化的に安全な環境を整えることについて述べられた。

　上述の倫理綱領の他に，2003年に実践基準も発行されている（AASW[48]

47）ここでは，ある社会集団が日常的に経験する不利益，周縁化，不公平（injustice）という解釈が採用されている。

第Ⅰ部　実証的な教育実験のための基盤研究

2003)。この中にも，文化の多様性に関する記述が含められた。ソーシャルワーク実践の知識及び技術基盤の章において，実践的な知識及び技術として様々な文化システムに関する批判的な分析による理解が指定された。そして，定義及び解釈という本書全体について総括的な規定を含む章では，文化の影響という節が掲載された。その中には，あらゆる場面における文化の影響及びそれに配慮する重要性の認識が定められた。

なお，オーストラリアではこれらの倫理綱領と実践基準の違反はソーシャルワーカーの通告制度の対象となっていることは注目すべき点である。

D｜ニュージーランドの基準

ニュージーランドは，職能団体であるアオテアロア・ニュージーランド・ソーシャルワーカー協会[49]（Aotearoa New Zealand Association of Social Workers, ANZASW）の他に，行政機関である全国ソーシャルワーカー登録委員会（Social Workers Registration Board, SWRB）も存在する。ソーシャルワーク専門職の実践に係る基準は，ANZASWの倫理綱領や実践基準の他に，SWRBによる行動規範及び登録時に行われている力量審査[50]（competence assessment）を取り上げることができる。なお，SWRBは行

48）この実践基準は，本調査終了後に改正されたが，調査時点で教育現場に影響を及ぼしていなかったため，関連する記述を割愛する。

49）ANZASWの組織名に含めている「アオテアロア」は，ニュージーランドのマオリ語の国名である。実際，ANZASWは1986年よりマオリ当事者ソーシャルワーカーのタンガタ・フェヌア部会（Tangata Whenua Caucus）の設立により二文化間協働（bi-cultural partnership）を提唱している（ANZASW 1986）。また，オーストラリアと同様に，先住民族当事者のソーシャルワーカーのみで形成する職能団体もあり，タンガタ・フェヌア・ソーシャルワーカー協会（Tangata Whenua Social Workers Association, TWSWA）と呼んでいる。「タンガタ・フェヌア」は直訳すると「土地の人々」になり，先住民族マオリを意味する。

50）以前は，ソーシャルワーカー協会が「力量認定書（Certificate of Competence）」を発行していた。

第3章　文化の多様性に対応した専門職育成の国際比較

95

動規範を基にしたソーシャルワーカーの通報ケースを受け付ける通告機関としての役割も同時に果たしている。

ANZASWが2008年に定めた倫理綱領[51]は英語とマオリ語の二つの言語で書かれた（ANZASW 2008）。序文において，ワイタンギ条約（Treaty of Waitangi）の特有の思想が確認された。この条約は，先住民族マオリと移住した白人の間に結ばれ，ニュージーランド社会全体のあり方に強い影響を及ぼし，国家の基本法の役割を果たしている。次に，ワイタンギ条約を基盤とした社会に対する責任に関する基準が記された。文化的な多様性全般に関する記述は，社会に対する責任の章において続き，特にマイノリティに注意を払いながら，社会正義及びインクルージョンに向けたアドボカシーに対する役割期待が示された。また，差別の防止及び撤廃に向けた行動についても規定された。クライエントに対する責任の中には，個人の価値及び尊厳の尊重と，文化などを認める無差別的な実践が含まれた。先住民族のクライエントには先住民族当事者のワーカーに係る権利（希望があれば送致の義務）も認められ，彼／女らに対しては，単一文化主義的（monocultural）な影響の最小化や参加の機会の提供などが倫理責任として示された。機関及び組織に対する責任に関する部分の中に，文化的に適切な職場形成の促進が定められた。そして，職員の雇用及びクライエントの受け入れに関する方針における差別も許されないと明記された。同僚に対する責任の一つとして，単一文化主義的な知識，価値，方法に挑戦する権利の保障が取り上げられた。最後に，スーパービジョン関係における責任の章では，スーパービジョンを受けるワーカーの文化的アイデンティティなどに起因する様々なニーズを認識することが指摘された。

同じくANZASWによる2010年の実践基準[52]の中には倫理綱領及びワイタン

51）本倫理綱領の改正は2008年以降も行われているが，本調査の時点で効力のあったものを紹介する。

52）この実践基準もその後に改正されるが，先述の理由で改正内容を割愛する。

第Ⅰ部　実証的な教育実験のための基盤研究

ギ条約の原則に沿ったソーシャルワーク実践について述べられた（ANZASW 2010）。これにおいて，クライエントがおかれている状況の文化的文脈の配慮を踏まえた適切な実践関係の形成が諸基準の一つとなった。

ソーシャルワーカー通報制度の基礎にもなっている行動規範[53]（Code of Conduct）は，SWRBが2005年に制定した（SWRB 2005）。これにおいて専門的な力量に関する節では，文化的な多様性に関する下記の3点が定められた。

① クライエントの文化的アイデンティティの認識，理解，支援（不可能であれば，文化的により適切なサービスへのリファーの必要性）

② 個別のクライエントに対して文化的に適切なサービスの配慮及び統合

③ クライエントの言語理解の保障（通訳の活用を含む）

また，クライエントの各種権利に関する章では，各個人の尊厳及び価値の尊重と，文化に基づく差別に関与しないことが記された。

同じくSWRBによる更に詳しい行動規範ガイドラインの中にも文化的な多様性に関する記述が加わった（SWRB 2008）。雇用者の責任として，文化アドバイザーも含めた外部資源の活用について規定された。次に，ワーカーの誠実さに関する規定の中に，文化に関わるワーカー自身の偏見及び価値を認識することが含まれた。専門的な力量と文化の関係について，クライエントの文化的アイデンティティも含む個別の状況への対応が取り上げられた。スーパービジョンに関しては，文化的な課題を含めた倫理葛藤の解明が望ましいと示された。また，本ガイドラインにおいて，文化的対応について独立した章が設けられ，ANZASWの先述した二文化間協働や通訳の雇用方針について述べられた。

SWRBは，ソーシャルワーカーの登録（あるいは5年毎の再登録）時に力量審査を行っている。それにあたって，2009年に中核となる力量に係る

53） 後に，行動規範も，またこれに基づく後述するガイドラインと中核力量基準等も改正を受けるが，本書ではこれらについても省略する。

基準（Core Competence Standards）を定めた（SWRB 2009a）。合計10
基準の内，2基準は直接的に文化の多様性に関連することになった。第一基
準は，マオリを対象としたソーシャルワーク実践における力量として提示さ
れた（SWRB 2010a）。これは，①マオリのニュージーランド社会における
状況（ワイタンギ条約や二文化主義）の理解，②マオリの多様性（必ずしも
均質の集団ではないこと）の理解，③言語の理解（通訳の活用を含む），④
地域及び家族構造の理解，⑤自治及び主権の理解という知識面の他に，態度
と技術を含んだ。態度は，ワーカー自身の偏見や無知などの限界を認識する
ことと，文化の多様性に対する学習意欲も含めた肯定的な努力姿勢として解
釈された。技術は，知識と態度の統合であり，二文化間実践や差別の撤廃を
可能にするという捉え方となった。つまり，マオリを対象とした力量のある
ソーシャルワーク実践の要件は以下のように定められた。

① 文化的に適切で，かつ包摂的な関わり方
② 歴史的及び現代的な社会の文脈が実践内容へ及ぼす影響の明確化
③ マオリ当事者による取り組みの実践的な支援
④ ワイタンギ条約などの理解
⑤ コミュニティの支援

　第二基準には，先住民族以外にも，ニュージーランドのあらゆる民族及び
文化集団を対象としたソーシャルワーク実践における力量が定められた
（SWRB 2010b）。これは，知識面で，①特定の文化的な文脈（ある文化に
おけるマナーや価値）の理解，②文化的な文脈の体系的な理解（どの文化集
団も均質でないことを理解した上で，その文化からクライエントが内在化し
ている価値や行動などについてクライエントに直接的に聞く），③資源とい
う文脈（文化的な助言や文化的対応を促進する社会資源や社会ネットワーク）
の理解，④協働という文脈（ワイタンギ条約とそのソーシャルワーク実践へ
及ぼす影響）の理解を含めた。態度と技術は第一基準と同様に記述された。
全体的に，ニュージーランドのあらゆる民族及び文化集団を対象とした力量
のあるソーシャルワーク実践は次のようなことを必要としていると明示され

た。

① 敬意を示す，かつ理解のある環境の整備

② あらゆる人々との文化的に適切で，かつ包摂的な関わり方

③ 集団間及び個人間の多様性の認識と支援

④ 歴史的及び現代的な社会の文脈が実践内容へ及ぼす影響の明確化

2 │ 文化の多様性に関する
諸外国のソーシャルワーク教育基準

　諸外国におけるソーシャルワーク教育の基準については，第1章でグローバル及び日本の教育に関して紹介したと同様に，学校認可基準などにおける文化の多様性に関連のある該当箇所を整理した。

A │ アメリカの基準

　アメリカでは，学校連盟に当たる全米ソーシャルワーク教育協議会（Council on Social Work Education, CSWE）がソーシャルワーク課程の認可を行っている。調査時の最新の基準を2008年の「教育方針及び認可基準（Educational Policy and Accreditation Standards, EPAS）」の中に示した（CSWE 2008）。この中に，文化的な多様性に関する規定が定められた。主要な関連項目は，「教育理念及び目標」，実習を含む「直接的なカリキュラム（Explicit Curriculum）」，運営体制などの学習環境を意味する「間接的なカリキュラム（Implicit Curriculum）」の3領域に分けられた。

　各学校は，教育理念及び目標が大学のおかれている文化的な文脈，即ち周辺地域及び学生・教職員の文化的な人口構成と文化的なニーズを反映していることを認可申請時に示す必要があると定められた。直接的なカリキュラムは，「中核となる力量要素（core competencies）」をカバーしなければならないと規定した[54]。本書において力量は，知識，価値，技術から成り立つ測定可能な実践行動として定義された。卒業生の力量を測る独自の測定方法につ

第3章　文化の多様性に対応した専門職育成の国際比較

いては各大学で開発しなければならないとされた。10点の核心力量の中に，
「実践における多様性と差異への取り組み」という多様性に関する独立した
項目が含まれた。これによると，学校は，教科学習及び実習を通じて，文化
に起因する様々な内的要因（アイデンティティ，価値観，世界観など）と外
的要因（抑圧，差別，排除，周縁化，権力，特権など）に対する卒業生の理
解を保障しなければならない。これは，実践場面における配慮と同時に，卒
業生の文化的な認識を含んでいる。文化的な認識は，ワーカー（卒業生）の
自分の文化に対する自己認識（self-awareness，文化的アイデンティティ，
価値観，信念などの自己覚知）及び文化の異なる（実習先の）クライエント
に対する他者認識（other-awareness，偏見や差別意識などの態度の自覚，
クライエントの文化・価値観・宗教の尊重）から成り立っている。独立した
本項目以外には，文化的な多様性に間接的に関連する他の中核力量もある。
人権及び社会的・経済的正義に関する力量がその一例である。また，ソーシャ
ルワーク教育協議会が規定した間接的なカリキュラムは，広義の学習環境を
指している。この中にも独立した多様性についての項目がある。それによる
と，大学の管理運営体制，教職員構成，関連機関（実習先）との協働関係，
各種手続き（学生・教員募集）などにおいては，機会均等促進策や積極的差
別是正措置（affirmative action）を通して，多様性理念を反映しなければ
ならない。

B｜カナダの基準

　現在，カナダ・ソーシャルワーク教育協会（Canadian Association of

54） 2008年のアメリカの学校認可基準は，学術的な内容あるいはカリキュラム形態・体制
に焦点をおくいわゆる詰め込み型教育から，力量を基盤とした教育（competency
based education）への転換を図っている（Holloway他 2009：1）。この種の教育は，
教師養成をはじめとして，医療，看護，法律，経営などの応用学問の専門職養成におい
て1970年代よりみられる教育観に基づくものである。

第Ⅰ部　実証的な教育実験のための基盤研究

Social Work Education - Association Canadienne pour la Formation en Travail Social, CASWE-ACFTS）がカナダのソーシャルワーク課程の認可を行っている。[55] 本協会は，2008年に「認可基準」，2009年に「教育方針の声明書」を出しており，これらがソーシャルワーク教育の現行の基準となっている[56]（CASWE-ACFTS 2008, 2009a, 2009b）。文化的な多様性については，「理念表明」，「体制，運営，管理，資源」，「教職員」，「学生」，「カリキュラム基準」，「実習教育」の全領域において規定された。

　理念表明については，学校の教育目標の設定において文化の多様性を考慮し，またそれをカリキュラム内容や運営体制において反映しなければならないと記述された。そして，認可申請にあたり，学校は周辺地域の文化的な構成の理解及びそのニーズの充足について示すことが必要となった。学校の管理運営，関連機関との協働，教職員あるいは学生の募集などの諸手続きに関しては，積極的差別是正措置をはじめとした文化の多様性への配慮について規定された。カリキュラム内容については学校に次の文化の多様性に関する点が求められた。

・自分の文化的な背景が援助関係に及ぼす影響（例えば抑圧など）を含む学生の自己認識の促進
・社会福祉実践や政策が文化的に多様な人々に及ぼす影響（差別，抑圧の可能性）に対する卒業生の理解の保障
・文化的に多様なクライエントを対象とした直接的な介入における卒業生の初歩的な力量の保障
・文化的に多様な地域を対象とした卒業生の実践力の習得の保障
　実習教育に関する規定によると，学校は認可申請時に，文化的に多様なク

55）カナダにおけるソーシャルワーク課程の認可機関は，1970年までアメリカのCSWEであった（Jennissen他 2012：1）。
56）カナダでは，本調査終了後に学校認可基準の改正された経緯があるものの，本調査で対象とした教育現場にはまだ浸透していなかったため，本書ではその内容を含めないこととする。

第3章　文化の多様性に対応した専門職育成の国際比較

101

ライエントを対象とした効果的で適切な実践力を身につけるための学習目標の達成に向けた学生への支援について証拠を示さなければならない。なお，この教育方針及び学校認可基準には，先住民族と仏語地域（ケベック州）に対する特別配慮について具体的に述べる項目もいくつか含まれた。

C｜オーストラリアの基準

オーストラリアでは，ソーシャルワーク教育及び学校認可の基準も職能団体のAASWが制定している。2008年の基準は，冒頭のソーシャルワークの定義に，あらゆる文化に対する尊重の促進が専門職としてのアイデンティティの一部であると明示した（AASW 2008a）。ソーシャルワーク教育の原則の章によれば，ソーシャルワーク教育の内容には，文化に関する内容の統合と文化に対する感受性の促進が期待されている。その中でも，先住民族に特化した内容が特に求められるようになった。ソーシャルワーク教育の目標及び成果として，各校は異文化間実践に従事できる卒業生の能力を示さなければならない。ソーシャルワーク教育課程の内容に関する章では，実践教育の中に先住民族の文化に特化した内容と，より一般的な異文化間実践に関する内容を含めることが規定された。また，ソーシャルワーク実践の文脈を理解するために，様々な文化システムの理解も欠かせないという記述が加えられた。実習現場でも，先住民族の文化と，その他の文化及び言語的な多様性の課題に触れることが求められた。

同じく2008年に，教育及び学校認可基準書に付いている児童福祉及び保護に関する付録には，おそらく先住民族の歴史における強制的な家族分離の問題の影響により，文化の多様性に関する基準が多く含まれた（AASW 2008b）。態度，価値，原則に関する部分では，人間の尊厳及び価値との関

57）本基準は，後に改正されているが，本調査で扱っている現場教育はまだこの基準に基づいているため，改正版の紹介を省略する。

第Ⅰ部　実証的な教育実験のための基盤研究

連で，子どもの文化的な福利の基盤としての家族の尊重と，子どもの文化的なニーズの尊重が取り上げられた。社会正義との関連では，先住民族をはじめとした文化集団の家族のあり方などを含む文化の多様性の尊重が指摘された。専門職としての誠実さ，信頼性，中立性などの部分において，記録の際の文化的な配慮が各レベルのソーシャルワーク課程の卒業生に求められた。同様に，価値として位置付けられている児童福祉における専門的な力量の向上に向けた努力の中には，文化的な知識が含まれていると書かれるようになった。続いて，ソーシャルワーク実践のための知識として，先住民族に代表される文化的な差異を含め，家族の多様なあり方に関する知識の他に，文化と歴史が児童虐待の概念的な捉え方に及ぼす影響の理解について指摘された（何を児童虐待とみるか）。そして，先住民族などの多様な文化的な背景をもつ子ども及び家族を対象とした実践を展開する際に欠かせない文化的に適切で，かつ十分に敬意を払う方法の把握も知識として期待されるようになった。最後に，ソーシャルワーク実践のための技術の中に，子ども及び家族の立場を理解するために，文化的に適切な実践戦略の活用と，文化的に安全な実践の展開に関する規定が含められた。

　文化の多様性に関するソーシャルワーク教育基準のみを扱っている文章も存在する。2009年に加わった異文化間カリキュラムに関する声明文である（AASW 2009a）。本書は，異文化間カリキュラム内容を，①態度と価値（倫理綱領を基に），②ソーシャルワーク実践のための知識（文化及び人種理論，文化的に安全で感受的な実践，国内の歴史的及び現代的な異文化間の特別課題，国際的な異文化間課題などの領域における知識），③ソーシャルワーク実践のための技術（上記の価値と知識を実用する能力，全てのクライエントに対して文化的に安全で感受的な実践に注目）の3領域に分けた。それぞれの詳細な概要は巻末の付録3-1のように定められた。また，異文化間カリキュラムの基準を定めている声明を補う目的で，2009年に教材一覧も加わった（AASW 2009b）。

第3章　文化の多様性に対応した専門職育成の国際比較

D｜ニュージーランドの基準

　ニュージーランドの教育基準は，学校あるいは資格の認可機関でもある
SWRBが上述と同じ力量枠組みに基づいて制定している。認可を受けてい
る教育課程の卒業生は，自動的に登録できるようになっている（但し，5年
毎の再登録はそれでも必要）。

　ソーシャルワーク教育課程の5年毎の認可はSWRBが行っている。2009
年に示された学校認可基準は，基本的に上述した中核力量基準に基づいてい
る（SWRB 2009b）。認可審査を受ける学校は，卒業生の能力を示さなけれ
ばならないということとなった。卒業生に求められる様々な能力は，国際ソー
シャルワーカー連盟と国際ソーシャルワーク学校連盟によるソーシャルワー
ク教育のグローバル基準に基づいているものと，ニュージーランド特有のも
のに分かれた。グローバル基準に基づいて規定された卒業生の能力の中で，
文化の多様性に間接的に関連している項目はいくつもあったが，直接的なも
のは，様々な民族集団の文化などの尊重を促進できる能力を定める一基準で
あった。ニュージーランドで求められる特有の能力の中には，ワイタンギ条
約を実践の中心として認識することと，二文化主義的な文脈において実践で
きる能力が冒頭のものとなった。文化の多様性に関連する他の点は，多様な
民族的及び文化的な背景をもつクライエントを対象として実践できる能力，
文化的な文脈に関する学問的な知見のソーシャルワーク実践への統合，ソー
シャルワーク実践に影響を及ぼす国内の文化的な課題の理解という3項目が
含められた。

　カリキュラムに関する基準においても，ワイタンギ条約が最初に取り上げ
られた。また，カリキュラム内容の基準も明確にグローバル基準に基づいて
おり，それ以外にカバーされなければならない文化の多様性に関する内容は，
中核力量基準の最初の上記2基準が指定された。即ち，①マオリを対象とし
たソーシャルワーク実践における力量の習得を保証する内容，②ニュージー
ランドのあらゆる民族及び文化集団を対象としたソーシャルワーク実践にお

第Ⅰ部　実証的な教育実験のための基盤研究

ける力量の習得を保証する内容の2点となった。

3 | 文化の多様性に関する
諸外国のソーシャルワーク教育実態

　本項では，各国の大学におけるソーシャルワーク教育現場の現状を示す例を取り上げる（1校ずつ，学士課程のみ）。また，これらの課程は調査の時点で上述した各国の諸基準を満たしていた。

A | アメリカの実例

　ここでは，アリゾナ州立大学におけるソーシャルワーク課程の取り組みについて整理した。

a　教育方針

　アリゾナ州立大学のソーシャルワーク学科の理念声明と教育目標の中には文化の多様性に関連のある項目が多く含まれている（ASU 2012a, 2012b）。学科理念においては，社会正義とエンパワーメントに対して強い使命感をもつ実践者の育成について最初に書かれている。また，アリゾナ州があるアメリカ南西部（Southwest）における文化の多様性の状況に対する理解と尊重をソーシャルワーク学科が強調するとなっている。これらの理念の達成に向けて，以下のような教育目標が定められている。

・抑圧及び差別のあらゆる形態と働きを理解することで，社会・経済・文化的正義の実現に向けてアドボケートする専門職の育成
・地域内・国内・国際の各レベルで文化の多様性を理解し，尊重する専門職の育成
・抑圧された少数者を対象としたサービス提供に熱心な専門職の育成

第3章　文化の多様性に対応した専門職育成の国際比較

105

b 関連科目

　アリゾナ州立大学のソーシャルワーク学士課程のカリキュラムにおいて文化の多様性に関する主要な科目は「ソーシャルワークの文脈における多様性と抑圧」というものである（ASU 2012c）。本科目は，2年次の必須科目である。90分のコマを約30回に渡って開講している。必須科目で20〜30人という少人数のクラスを設けているため，同じ科目の講師（Instructor）を複数の教員が担当している。しかし，基本シラバス（Master Syllabus）をこの科目の主任講師（Lead Instructor）が開発している（Marsiglia 2005）。このシラバスにおける科目概要によると，多様性と抑圧の理論的な捉え方，アメリカ南西部における主要な文化的な要素，文化の多様性に関するソーシャルワーカーの役割について教えている。これに基づく具体的な学習目標を情報面（文化的な知識），スキル面（文化的な技術），体験面（文化的な認識）の3領域に分けている。以下，ある教員の具体的な授業スケジュールを示す（Sinema 2011）。

○導入
　・第1回：挨拶と概要
　・第2回：文化の多様性，抑圧及びアクション

○第一部　多様性と抑圧
　・第3回：交差性
　・第4回：抑圧の諸理論
　・第5回：多様性に関する理論的な視点1
　・第6回：多様性に関する理論的な視点2
　・第7回：抑圧の脱学習

○第二部　人種・民族的マイノリティの形成と遺産
　・第8回：大量虐殺と植民地主義1
　・第9回：大量虐殺と植民地主義2
　・第10回：大量虐殺と植民地主義3
　・第11回：奴隷制と抑留1

第Ⅰ部　実証的な教育実験のための基盤研究

- ・第12回：奴隷制と抑留 2
- ・第13回：併合と移住 1
- ・第14回：併合と移住 2
- ・第15回：併合と移住 3
- ・第16回：併合と移住 4
- ・第17回：併合と移住 5

○第三部　ジェンダーと性的指向
- ・第18回：ジェンダー 1
- ・第19回：ジェンダー 2
- ・第20回：性的指向 1
- ・第21回：性的指向 2

○第四部　文化的な基盤をもつソーシャルワーク実践
- ・第22回：文化的な規範と基盤をもつ実践
- ・第23回：コミュニティ実践と社会政策
- ・第24回：評価と研究
- ・第25回：グローバル化 1
- ・第26回：グローバル化 2
- ・第27回：まとめ
- ・第28回：グループ発表 1
- ・第29回：グループ発表 2
- ・第30回：グループ発表 3

　第一部で理論面を把握した後，第二部では人種・民族的マイノリティについて知識を得る。その中で，例えば「併合」は，米墨戦争（Mexican-American War）後にメキシコとの国境線の変化によって新しくアメリカ領土となった南西部（アリゾナ州を含む）の特有の問題について把握する。また，ここでは多様性を広く捉え，狭義の文化，人種や民族に加え，第三部ではジェンダーと性の多様性についても教えている。最後に，第四部は文化とソーシャルワーク実践の関連について扱っている。その中で，文化的な感受性と文化的な力

量を超えた，いわゆる文化的な基盤をもつ実践の枠組みがベースとなっている[58]。

　本科目の評価は次のようになっている。

・学生自身の民族・文化的背景に関するレポート（プレ：受講前）／10%

・抑圧の脱学習体験に関する内省（reflection）レポート／5 %

・アリゾナ州に係る移民政策レポート／25%

・抑圧に関する差別的な言説（discourse）のメディア・ポートフォリオ／20%

・個人的及び社会的な変化に向けたアクションと体験の内省レポート／20%

・学生自身の民族・文化的な背景に関するレポート（ポスト：受講後）／10%

・積極的な授業参加／10%

　（合計100%）

　上記の必須科目以外に，文化の多様性に関する複数の選択科目も学士カリキュラムの中にある（ASU 2011）。例えば，「移民と難民」，「アメリカ先住民を対象としたソーシャルワーク」，「スペイン語を話す家族を対象としたソーシャルワーク」，「スピリチュアリティと対人援助専門職」，「ソーシャルワークにおける民族及び文化的な変数」，「多様性の文脈における家庭内暴力への介入」というものがある。また，例えば学科長と学士課程長の発言によれば，文化に特化した科目でなくても，ほとんどの科目において民族・人種

-----

58) この科目では，文化的な感受性，文化的な力量，文化的な基盤をもつ実践の関係について次のように区別されている。文化的な感受性は，クライエント間，あるいは社会集団間の多様性を理解し，サービスを提供する制度とサービスの対象であるクライエントの間に存在する文化的なギャップに焦点を当てることである。文化的な力量は，効果を上げるために，文化的に適切なサービス提供に必要な知識，価値，技術を指す。そして，文化的な基盤をもつ実践は，実践における文化的な感受性と文化的な力量の統合及び活用である。社会変革の促進に向けて，文化に特化した援助手法と帰属コミュニティの様々な支援方法を専門的なソーシャルワーク実践へ取り入れるアプローチであると書いてある。なお，これらの理論的アプローチについて前章で詳しくまとめた。

第Ⅰ部　実証的な教育実験のための基盤研究

的な変数や文化の内外的な要因（内面と環境）について基本的な配慮がなされている。

B｜カナダの実例

　ここでは，ヨーク大学におけるソーシャルワーク課程の取り組みについて整理した。

a　教育方針

　ソーシャルワーク学科の理念によると，ヨーク大学には人権及び社会正義の実現に必要な実践戦略の習得に向けたソーシャルワーク教育を行う使命がある（YU 2012）。研究，カリキュラム，批判的教育（critical pedagogy）を通じて以下に取り組むと記されている。
・文化などに基づく被抑圧及び被支配の状態への挑戦
・現実の社会的構築（social construction of reality）に対する批判的な理解（critical understanding）の促進
・価値観や考え方が社会問題及びそれへの対応方法を構築していることに対する理解の促進
・批判的な実践者（critical practitioner）あるいは社会変革の主体になれる学生の養成

b　関連科目

　ヨーク大学の学士カリキュラムの中で，文化の多様性に関する主要なソーシャルワーク科目は「アイデンティティ，多様性，反差別的な実践」というものである（YU 2010）。これは2年次の必須科目で，2コマ（3時間）を約25回に渡って授業している。クラスのサイズは40人程度で，この科目の主任講師が設定した概要に沿って，複数の教員がその講師になって教えている（Hayden 2011）。この概要によると，この授業では，社会的に構築され

た（socially constructed）多様なアイデンティティ，それらの構築過程における言語・言説・文化の役割，抑圧・特権（privilege）などの制度的な不平等の役割に対する理解を促す。そのための具体的な学習目標として以下の5点が設けられている。

・政治・経済・社会・文化的な要因がアイデンティティ，権力（power），特権，抑圧の形成へ及ぼす影響の理解
・対人援助専門職の立場に関して批判的内省（critical self-reflection）を行う能力の促進
・抑圧的な文脈における個人の主体性のあり方に対する理解
・異文化間場面における実践戦略の習得
・個人・組織・制度のレベルで社会変革をもたらす反差別的なソーシャルワーク実践戦略の習得

　本科目の実際の授業内容は以下のようになっている（主任講師が担当する場合）。

○第一学期
　・第1回：導入と自己紹介
　・第2回：批判的意識（critical consciousness）と批判的内省
　・第3回：差異を超えた関係構築
　・第4回：アイデンティティ，立場性，交差性の捉え方
　・第5回：アイデンティティと固定概念化（stereotyping）
　・第6回：抑圧と特権への挑戦
　・第7回：性と異性愛中心主義（heterosexism）
　・第8回：健常者中心主義（ableism）と批判的障がい理論（critical disability theory）
　・第9回：批判理論と人権
　・第10回：アイデンティティと差異の脱構築：カナダにおける人種と民族
　・第11回：カナダにおける地方主義（regionalism）と集団内差別（intra-group discrimination）：ケベック州，ムスリム系女性，その

第Ⅰ部　実証的な教育実験のための基盤研究

110

　　　　　他
　・第12回：カナダにおける移民と多文化主義
○第二学期（反差別的な実践戦略）
　・第13回：ソーシャルワーク実践における力関係
　・第14回：実践環境において実践者に対する差別への挑戦
　・第15回：エンパワーメントと解放を通じた差別への挑戦
　・第16回：精神保健における差別への対抗とリカバリー・アイデンティ
　　　　　ティ
　・第17回：カナダ先住民に対する差別への挑戦
　・第18回：女性に対する差別への挑戦
　・第19回：グローバル化と国際的な差別
　・第20回：多重的及び交差する抑圧：貧困，人種，ジェンダー，性的指向，
　　　　　その他の抑圧形態1
　・第21回：多重的及び交差する抑圧：貧困，人種，ジェンダー，性的指向，
　　　　　その他の抑圧形態2
　・第22回：多様な人々の共通基盤の探究
　・第23回：社会変革及びソーシャルアクションに向けたコミュニティ形
　　　　　成を通じた差別への挑戦
　・第24回：社会変革及びソーシャルアクションの続きとまとめ
　大きく分けると，本科目もアメリカと同じように，関連理論の整理の他に，
人種と民族や性的指向を網羅している。また，新たな多様性カテゴリーとし
て障がいに関する一部も加わっている。そして，後半はこのようなクライエ
ント集団毎の実践について教えている。実践枠組みとして，反差別的な実践，
あるいは反抑圧的な実践の原則を採用している（前章を参照）。
　この科目の評価は次のようになっている。
○第一学期
　・抑圧と特権に関する批判的分析（critical analysis）及び自己内省（self-
　　reflection）レポート／15%

第3章　文化の多様性に対応した専門職育成の国際比較

・異文化間場面における関係構築体験に関するレポート／20％
・オンライン及び授業内課題／10％
・参加／5 ％
　　［小計50％］
○第二学期
・ある多様な社会集団に関するグループ発表／10％
・グループ発表に関する個人的内省／10％
・反差別的な実践による社会変革レポート／15％
・オンライン及び授業内課題／10％
・参加／5 ％
　　［小計50％］
　　（合計100％）

　文化の多様性について集中的に扱う上記の必須科目以外に，ソーシャルワーク学士課程の先述したシラバスの中に関連する選択科目もいくつか紹介されている。例えば，「ソーシャルワーク実践，人種主義，白人論」，「国境を越えた人権とソーシャルワーク実践」，「移民と難民を対象としたソーシャルワーク」，「カナダにおける先住民政策及び社会福祉：歴史的及び現代的な文脈」，「国際ソーシャルワーク」というものがそれにあたる。なお，アリゾナ州立大学と同様に，学科長や学士課程長の指摘によると，文化の多様性を主題としない科目でも，可能な限り全ての科目において関連内容を扱うようにしている。

C｜オーストラリアの実例

　ここでは，ヴィクトリア大学におけるソーシャルワーク課程の取り組みについて整理した。

第Ⅰ部　実証的な教育実験のための基盤研究

a　教育方針

　ヴィクトリア大学では，文化の多様性に対応できるグローバル人材育成方針の下で，①教育課程において多様な学生人口の積極的な活用，②文化の多様性に関するカリキュラム内容の充実（ある特定の文化に偏らず，自民族主義でない事例などの提示），③学生の国際移動（留学，学生交換，スタディー・ツアー，実習）という三つの施策は大学全体において展開されている（VU 2008）。そして，ソーシャルワーク学士課程には，教育目標の中にも文化の多様性について含まれている（VU 2012）。総合目標の一つとして，人々の生活に及ぶ文化的な影響の理解が取り上げられている。また，専門目標の中には，先住民族や有色人種が経験する抑圧や不平等の理解と，これらの解消・撤廃・軽減に向けた介入技術の習得が明記されている。そのために，反抑圧的な理論枠組みに焦点を当てなければならないとされている。

b　関連科目

　専門科目の中には，独立した科目である「先住系オーストラリア人の諸課題と理解」以外に，文化の多様性に関する内容はほぼ全ての科目に統合されている。その中でも，フォーカスの強いものは，「対人及びコミュニケーション・スキル」と「ソーシャルワーク諸理論」の2科目である。全て必修科目として位置付けられている。

　「対人及びコミュニケーション・スキル」は，ソーシャルワーク学生以外に他の対人援助専門職を目指す学生も受講する2年次の科目である（Testa 2012）。本科目のシラバスの冒頭に，大学の敷地に先住していた部族に敬意を払っている象徴的な言葉が並んでいる点が極めて印象的である。12回の講義に合わせ，講義内容の理解を深めながら，その実感や応用を促す24回のワークショップ形式の演習（tutorial）も実施されている。全体的な授業内容は批判的で，かつ反抑圧的なアプローチに基づいている。期待される学習効果の中に，将来の実践における文化的な感受性に関する知識の応用能力が指摘されている。また，受講修了者の特徴として，文化的に多様な対人援助

環境において効果的な実践ができる能力が書かれている。本科目の概要は以下のようになっている。

・第1回：導入（援助者自身の文化と価値が実践に及ぼす影響）
・第2回：文化的な認識（文化的な感受性のある実践と文化的な力量枠組み）
・第3回：批判的内省と「自己」の専門的な活用（実践への活用）
・第4回：専門的な価値と倫理的な実践（実践への影響）
・第5回：反抑圧的な実践（理論と応用）
・第6回：言語及び非言語コミュニケーション・スキル
・第7回：内容と感情に対する内省（コミュニケーションへの影響）
・第8回：面接スキル（フォローに注目）
・第9回：ノーマライゼーション
・第10回：挑戦するスキル（同意できない言説への対処法）
・第11回：抑圧に挑戦するスキル（差別的な言説への対処法）
・第12回：振り返りとまとめ（批判的なソーシャルワーク実践におけるコ
　　　　　ミュニケーション・スキル）

　本科目の評価は以下のようになっている。

・オンライン討論フォーラムへの内省的な投稿／20％
・グループ発表／35％
・録画された面接ロールプレイの自己評価レポート／45％
　（合計100％）

　また，上記全てにおいて文化的な葛藤などの分析も含まれており，特に文化的な認識と批判的内省ができる能力の向上が期待される。

　同じく基礎的な必修科目である「ソーシャルワーク諸理論」では，科学主義的な知識体系と同時に，非西洋型知見の例も取り上げるようにしている（担当教員との聞き取りから）。一つの例として，構築主義的な社会学の考え方に基づき，「健康」や「精神病」のあらゆる文化的なパラダイムにおける構築の仕方も紹介されている。また，様々な理論に対して留学生やマイノリティの学生による批判的挑戦も授業中に歓迎されている。挙手による発言やグ

第Ⅰ部　実証的な教育実験のための基盤研究

114

ループディスカッションが苦手な学生にも配慮し，安心して議論できる自己
開示が可能な場としてブログのようなオンライン空間も整備されている。受
講生の文化的な認識を促すために，様々なゲスト講師の招待や課外見学の他
に，例えば自己解明に向けて学生自身の文化的なエコマップとカルチュラグ
ラム（culturagram）と呼ばれている文化的なルーツに焦点を当てたジェノ
グラム（影響を受けている／きた様々な文化をまとめる図）とそれに対する
内省（読み取れる価値や偏見などの傾向）の提出が課題として出されている
（ただし，上述と同じ理由で，発表は自主的）。

D｜ニュージーランドの実例

ここでは，オークランド大学におけるソーシャルワーク課程の取り組みに
ついて整理した。

a　教育方針

オークランド大学のソーシャルワーク課程は，クライエント集団の文化的
な状況を理解し，文化的な基盤をもつ実践を展開できる人材の育成に重点を
おいている（UA 2012）。実際に，1年次よりニュージーランドの社会サー
ビスにおけるワイタンギ条約と多様な文化的環境の重要性について考えるよ
うにカリキュラム編成がなされている。

b　関連科目

文化の多様性を扱うカリキュラム内容は，特に先住民族と太平洋諸島民に
関するものが多い。例えば，「対人サービスにおけるワイタンギ条約」，「二
文化間ソーシャルワーク実践」，「ファナウ[59]・家族・アイガ[60]実践（Whanau-

59）マオリの（拡大）家族。
60）太平洋諸島民の（拡大）家族。

Family-Aiga Practice)」という科目はそれに当たる。そして，文化の多様性全般を独立して教える必修科目は，1年次の「文化と多様性」である（Marlowe 2012）。この科目は，文化及び多様性概念の様々な捉え方を紹介し，それらが個人や集団に及ぼす影響を批判的に検討している。これらの捉え方を把握することは，「自己」と対人サービスにおけるあらゆる差異の関係の批判的な解明を促すという。修了後に受講者に期待される学習効果は次の5点を含む。

- 個人・文化・民族的アイデンティティ概念を説明できるようになること
- 人間の差異による多様性による社会的影響を発見できるようになること
- 対人サービスの各クライエント集団の周縁化を発見できるようになること
- 周縁化された集団を対象とした実践において反抑圧的な手法を選択できるようになること
- 異文化間関係において包摂を促す戦略を選択できるようになること

　授業では，多様な価値基盤，また様々なマイノリティ集団が社会的に構築されることによって生じるあらゆる葛藤及び緊張関係を紹介し，これらの実践，特により包摂的な関係の形成へ及ぼす影響を分析している。具体的には，以下の領域をカバーしている。

- 文化，価値，信仰，社会正義のあらゆる定義
- 自己，「文化的な色眼鏡」及びアイデンティティ，アイデンティティの政治に関する考え方
- 基礎概念：国籍，民族，世界観，文化的な支配（cultural dominance），単一文化主義，障がいの有無，スティグマ，同性愛者嫌悪，異性愛中心主義，年齢差別主義（ageism），抑圧，人種差別主義，周縁化，自民族中心主義，ジェンダー差別
- 人間間の差異の諸要素の定義
- 多様性の影響（民族，階層，障がい，ジェンダー，性的指向，年齢，ろう文化，若者文化，性，性的健康）
- 難民及び移民人口（適応過程，同化モデル，分離主義）

第 I 部　実証的な教育実験のための基盤研究

・文化及び民族的アイデンティティに関する様々な経験

・自己と異文化間関係

　授業は，13回にわたって 2 時間ずつの講義と 1 時間ずつの演習の形式を
とっている。講義の定員は60人で，演習はより少人数に分けられている。
上記の内容に沿った具体的な授業スケジュールはここで示す。

・第 1 回：導入（多様性とは何か，ソーシャルワーク実践でなぜ重要か）

・第 2 回：人間の差異と文化的な力量

・第 3 回：C.ロジャースによる中核条件（core condition）とL.シュルマン
　　　　　による波長合わせ（tuning in）の概念

・第 4 回：「私とは」（自己概念，価値，信仰）

・第 5 回：社会構築主義

・第 6 回：演習発表

・第 7 回：移住と難民（新しい社会的現実の方向付け）

・第 8 回：反抑圧的及びストレングスに基づく実践と倫理

・第 9 回：人権とアイデンティティ・ポリティックス

・第10回：性的指向及びジェンダー・アイデンティティ

・第11回：スピリチュアリティとソーシャルワーク

・第12回：最終振り返り

・第13回：期末試験

　本科目の評価は，試験が50％に過ぎず，残りの50％は次のように成り立っ
ている。初期の10分程度の口頭発表（30％）は自分の文化的アイデンティ
ティ，価値，信仰の分析に関するものである[61]（英単語500語の要約シートを
含む）。最後の筆記レポート（20％）は，周縁化及び文化の多様性に関する
事例検討である。難民か先住民族の事例のいずれかを選択し，英単語1200～
1500語にわたり授業で学んだ様々な概念や理論（抑圧，構築主義など）を利

61）これは，ニュージーランド社会で様々な場面でマオリ式のミヒ（mihi），即ち儀式的
　な初対面挨拶あるいは自己紹介を求められる意味でも将来的に活かせる課題である。

第 3 章　文化の多様性に対応した専門職育成の国際比較

用しながらまとめることが期待されている。その中で，選んだケースに対する自分の考え方の批判的内省も必ず求められている。

3 本章の考察

本節では，各大学で共通して見られた教育方法について論じてから，各国の教育の現状をグローバル基準と比較し，どのようにそれを満たしているのかを探る。

1 諸外国で採用されている本分野の教育方法の特徴

上述の文化の多様性に関する各国の科目において活用されている教授法・学習法は4ヶ国とも類似したものが含まれている。上記4校の必須科目の場合は，教えている教員が使う教授法・学習法を以下のように分類ができる。
・第一種：従来型の講義
・第二種：宿題及びその他の個別ワーク
・第三種：課外プログラム
・第四種：参加型学習

第一種の従来型の講義では，文化の多様性に関する諸理論を把握し，各国の倫理綱領なども活用している。なお，当事者のゲスト講師の招待もみられる。

第二種の宿題及びその他の個別ワークは，教科書や関連論文の予習の他に，社会学的なメディア分析・言説分析（discourse analysis）を含む課題レポートがある。この分野の独特なものとして，学生自身の文化的なエコマップや文化的なジェノグラム，いわゆるカルチュラグラムの作成と，文化に関する様々な人生経験・実践（実習）経験に対する批判的自己内省・自己洞察が挙げられる。

第Ⅰ部　実証的な教育実験のための基盤研究

第三種の課外プログラムは，文化的に多様な人々との接触を目的としたコミュニティ見学・訪問，聞き取り，イベント参加などを含み，重点的に位置付けられている。

　第四種の参加型学習は，全体・グループ・ペアの各レベルのディスカッションが活発に行われている。また，異文化的な場面，あるいは様々な抑圧的な言説・固定概念の例として多岐に渡るメディア（新聞，雑誌，写真，映画，インターネット動画，その他）も活用されている。文化の多様性を巡る価値観の葛藤において両方の立場を理解するために，ディベート（簡易版を含む）の手法をとる教員もいる。そして，事例検討やロールプレイが取り入れられている。例えば，偏見，差別，抑圧の仕組みに対する理解を深めるために，ビーズ，カードなどを使ったあらゆるシミュレーション・体験ゲームが行われている。参加型学習では，学生自身の文化的アイデンティティ，価値観，偏見などの自己認識という極めてデリケートな問題を扱う。従って，発言しやすく，安心できる安全な学習環境を保障するためには，授業内で様々な工夫をしている（基本ルールの設定，小単位のディスカッション，個別作業の重視など）。

2 ソーシャルワーク教育の グローバル基準との比較検討

　アメリカ，カナダ，オーストラリア，ニュージーランドの先述した取り組みについては，ソーシャルワーク教育の文化的な多様性に関するグローバル基準に照合して比較検討を行った。各国の学校認可基準と教育は，9基準に次のように対応していることが分かった。

・グローバル基準1：「文化的な多様性に関する教育経験の豊かさの確保」
　に向けては，アリゾナ州立大学，ヨーク大学，ヴィクトリア大学，オークランド大学においても，複数の関連科目をカリキュラムに設置している。独立した必須科目に加え，複数の選択科目が設けられている。また，ほぼ全科目において人種的・民族的・文化的変数やそれらが及ぼす様々な影響

についてある程度の配慮をしているという指摘が全大学においてみられた。

・グローバル基準 2 ：「文化的な多様性に関する教育目標の設定」については，各国の学校認可基準に規定がある。それに沿って，大学の周辺地域の文化的な人口構成と文化的なニーズや歴史を考慮しながら，文化の多様性に基づく抑圧の撤廃を含む社会変革に向けた教育について目標設定がなされている。また，それぞれの関連科目ではより詳細な学習目標を立てている。

・グローバル基準 3 ：「文化的な多様性に関する問題の実習内容における反映」については，本書で省略したが，実習契約に含まれている。本契約における文化の多様性の関連領域に沿って，具体的な学習目標などを各学生のニーズに合わせて個別に設定している。

・グローバル基準 4 ：「学生の文化的な多様性に関する自己認識の機会の提供」は，特に文化の多様性に関する独立した必須科目の中で行われている。それに向けて，各大学では，学生による様々な自己洞察や批判的内省の宿題・個別ワークが積極的に活用されている。

・グローバル基準 5 ：「学生の文化的な多様性に関する感受性の向上及び知識の増大」についても，主に必須科目の中に含まれている。文化の多様性に関する理論面を把握した後，カテゴリー別にそれぞれの多様な社会集団・クライエント集団について知識を提供している。その中で，特に大学の周辺地域の人口構成が配慮されている。そして，学生の文化的な感受性の向上を図るためには，参加型学習法が導入されている。文化，偏見などに対する理解を促進するために，各種ディスカッション，ディベート，様々なシミュレーションや体験ゲームという手法が使われている。

・グローバル基準 6 ：「固定概念と偏見の最小化及び差別の実践を通じた再生産の防止」のためには，全校で文化，差別などの基礎的な関連概念の構築主義的な枠組みで説明し，反差別的な実践の原則を重視している。グローバル基準の全文によると，固定概念と偏見の最小化は，ある文化や社会集団に対する一般化を避けることを意味する（巻末の付録1-1において本基

第Ⅰ部　実証的な教育実験のための基盤研究

準に関する注を参照）。つまり，様々な社会集団間の多様性の尊重に加え，各社会集団内の多様性，即ちそれぞれの文化集団の中にも更に存在する内部の多様性への配慮が必要である。これは，文化の流動的（dynamic）な概念としての捉え方によって可能になる。グローバル基準において，文化は社会的に作られる（構築される）ダイナミックなものであると書かれている（巻末の付録1-1や前章の考察を参照）。従って，脱構築と変化が可能であるとしている。これは，ポストモダニズムの中の社会構築主義に基づく考え方である。また，本グローバル基準の後半，とりわけ差別の実践を通じた再生産の防止は，前章で整理した反差別的な実践アプローチの採用によって行われている。

・グローバル基準7：「学生の異文化間の関係構築及び処遇能力の保障」に向けては，授業と実習教育で対応している。文化の多様性に関する科目にはロールプレイを取り入れている。また，実習先では学生自身と文化的に異なるクライアントを対象とした実践について実習契約に含めている。

・グローバル基準8：「基本的人権の学習アプローチの保障」としては，文化の多様性に関連する科目の講義における各国の倫理綱領，国際人権条約，国内差別禁止法などの積極的な活用が挙げられる。

・グローバル基準9：「学生の自分自身を知る機会の提供」においては，学生の各種アイデンティティと様々な社会集団への帰属意識の交差性の考え方がベースとなっている。これは，前章で述べたように，人種，民族，ジェンダー，社会的階層，性的指向，年齢，障がいの有無などという複数のアイデンティティの重なり合う接点を意味する。これは，正しく本基準が意図していることと一致する内容である（全文を参照）。

4 本章の結論：文化的な自己及び他者認識を促す参加型学習が必要

　諸外国の先駆的な取り組みを参考にした本章からは，ソーシャルワーク教育の文化的な多様性に関するグローバル基準に合った国内の教育プログラムの構築の優先課題として，文化的な認識の向上をより重視した教育が必要であると指摘できる。第一に，文化的な自己認識，即ち自分の文化に左右されるソーシャルワーク専門職（学生）の世界観，特に価値・道徳・倫理観の意識化と，これらが（将来の）実践に及ぼす影響に対する気づきと相対化が求められる。第二に，文化的な他者認識，つまり専門職（学生）の内在化された偏見，先入観，差別意識などに対する気づきと脱学習が期待される。このような文化的な認識を促すために，批判的内省・自己洞察を可能とする参加型学習法，とりわけディスカッションなどのグループアクティビティと宿題や個別課題などの個人ワークを大いに活用しなければならない。従って，少人数などのクラス設定が望ましい。

本章の引用文献（ABC順）

AASW (1999) *Code of Ethics*, Australian Association of Social Workers.

AASW (2003) *Practice Standards for Social Workers: Achieving Outcomes*, Australian Association of Social Workers.

AASW (2008a) *Australian Social Work Education and Accreditation Standards*, Australian Association of Social Workers.

AASW (2008b) *Statement of Specific Child Wellbeing and Protection Curriculum Content for Social Work Qualifying Courses*, Australian Association of Social Workers.

AASW (2009a) *Statement of Specific Cross-Cultural Curriculum*

第 I 部　実証的な教育実験のための基盤研究

Content for Social Work Qualifying Courses, Australian Association of Social Workers.

AASW (2009b) *Statement of Specific Cross-Cultural Curriculum Content for Social Work Qualifying Courses: Educational Resource Package*, Australian Association of Social Workers.

AASW (2010) *Code of Ethics*, Australian Association of Social Workers.

AASW (2011) *Code of Ethics 2010 Training*, Australian Association of Social Workers.

ANZASW (1986) *Bi-cultural Partnership*, Aotearoa New Zealand Association of Social Workers.

ANZASW (2008) *Code of Ethics*, Aotearoa New Zealand Association of Social Workers.

ANZASW (2010) *ANZASW Practice Standards and ANZASW Ethics and Principles*, Aotearoa New Zealand Association of Social Workers.

ASU (2011) *BSW Syllabi*, Arizona State University.

ASU (2012a) *School of Social Work Mission Statement*, Arizona State University.

ASU (2012b) *School of Social Work Goals*, Arizona State University.

ASU (2012c) *Curriculum Requirements (2010-2011, 2011-2012 Bachelor of Social Work Catalog)*, Arizona State University.

CASW-ACTS (2005a) *Code of Ethics*, Canadian Association of Social Workers - Association Canadienne des Travailleurs Sociaux.

CASW-ACTS (2005b) *Guidelines for Ethical Practice*, Canadian Association of Social Workers - Association Canadienne des Travailleurs Sociaux.

CASWE-ACFTS (2008) *CASWE Standards for Accreditation*, Canadian Association of Social Work Education - Association Canadienne pour la Formation en Travail Social.

CASWE-ACFTS (2009a) *CASWE Educational Policy Statements*,

Canadian Association of Social Work Education - Association Canadienne pour la Formation en Travail Social.

CASWE-ACFTS (2009b) *BSW Programme Self-Study Guide (Revised 2009)*, Canadian Association of Social Work Education - Association Canadienne pour la Formation en Travail Social.

CSWE (2008) *Educational Policy and Accreditation Standards*, Council on Social Work Education.

Hayden, W. (2011) *Identity, Diversity and Anti-Discriminatory Practice (BSW Course Description)*, York University.

Holloway, S., Black, P., Hoffman, K., Pierce D. (2009) *Some Considerations of the Import of the 2008 EPAS for Curriculum Design*, Council of Social Work Education.

Jennissen, T., Lundy, C. (2012) *Keeping Sight of Social Justice: 80 Years of Building CASW*, Canadian Association of Social Workers - Association Canadienne des Travailleurs Sociaux.

Marlowe, J. (2012) *Culture and Diversity (Course Outline)*, University of Auckland.

Marsiglia, F. (2005) *Diversity and Oppression in the Social Work Context (BSW Master Syllabus)*, Arizona State University.

NASW (2000) *Social Work Speaks (NASW Policy Statements): Cultural Competence in the Social Work Profession*, National Association of Social Workers.

NASW (2001) *NASW Standards for Cultural Competence in Social Work Practice*, National Association of Social Workers.

NASW (2005) *Social Work Speaks (NASW Policy Statements): Racism*, National Association of Social Workers.

NASW (2007a) *Indicators for the Achievement of the NASW Standards for Cultural Competence in Social Work Practice*, National Association of Social Workers.

NASW (2007b), *Institutional Racism and the Social Work Profession: A Call to Action*. National Association of Social Workers.

第Ⅰ部　実証的な教育実験のための基盤研究

NASW (2008a) *Code of Ethics*, National Association of Social Workers.

NASW (2008b) *Immigration Policy Toolkit*, National Association of Social Workers.

NASW (2015) *NASW Standards and Indicators for Cultural Competence in Social Work Practice (Draft)*, National Association of Social Workers.

Sinema, K. (2011) *Diversity and Oppression in the Social Work Context (BSW Course Outline)*, Arizona State University.

SWRB (2005) *Code of Conduct*, Social Workers Registration Board.

SWRB (2008) *Code of Conduct Guidelines*, Social Workers Registration Board.

SWRB (2009a) *Competence Policy Statement*, Social Workers Registration Board.

SWRB (2009b) *Process for Recognition/Re-Recognition of Social Work Qualifications in New Zealand (Policy Statement)*, Social Workers Registration Board.

SWRB (2010a) *Competence to Practice Social Work Maori (Policy Statement)*, Social Workers Registration Board.

SWRB (2010b) *Competence to Practice Social Work with Different Ethnic and Cultural Groups (Policy Statement)*, Social Workers Registration Board.

Testa, D. (2012) *Interpersonal and Communication Skills (Unit Guide)*, Victoria University.

UA (2012) *Faculty of Education: Bachelor of Human Services & Bachelor of Social Work (Booklet)*, University of Auckland.

VU (2008) *Victoria University International Profile*, Victoria University.

VU (2012) *Faculty of Arts, Education and Human Development Undergraduate Course Information*, Victoria University.

YU (2012) *School of Social Work Mission Statement*, York University.

YU (2010) *BSW Handbook*, York University.

第Ⅰ部　実証的な教育実験のための基盤研究

第Ⅱ部
文化的な力量に
関する実証的な
教育実験の準備

第Ⅱ部では，介入研究に必要な基本材料を作った。第4章では，文化的な力量の測定テストの日本語版を作成し，調査を通して信頼性と妥当性について検討した。第5章では，採用した理論的な枠組みに沿った教育プログラムを作ることで，実証的な教育実験が可能となった。

第4章 文化的な力量の測定ツールの作成

本章の要旨

本章では，学習効果を測る実証研究に必要となる文化的な力量の日本語による測定ツールの作成を目的とした。そのために，国際的に存在するものから，ラムによる「ソーシャルワークにおける文化的な力量の自己アセスメント・テスト」を選択し，使用許可を得た。和訳をしてから，有識者との協議・検討を踏まえて日本語の暫定版を作り，尺度検討調査を行った。考察では，信頼性と妥当性について検討した。具体的に，前者に関しては，内的整合性と再テスト信頼性，後者に関しては内容的妥当性と基準関連妥当性について統計分析などの手法により確認できた。これによって，文化的な力量を測る初めての日本語版テストができ，本研究の最終段階に当たる実験研究における学習効果測定が可能となった。

1 本章の概要

本章では，以下の目的，研究枠組みと方法等に沿って研究を進めた。

1 本章の目的

研究全体の総合目的は「日本における文化的に多様な人々に対応できる能力，即ち文化的力量（cultural competence）をもつソーシャルワーク専門職の効果的な教育プログラムの構築」である。それに向けて，本章では最終的な学習効果として求められる文化的な力量の向上を測れる実証研究に必要な日本語の測定ツールの作成を目的とした。

第Ⅱ部　文化的な力量に関する実証的な教育実験の準備

2 | 本章の研究枠組みと方法

国際的に使われている文化的な力量を測る様々な尺度より，日本の社会及び専門的な文脈において使用可能と思われるものを選択し，著作権所有者の許可を取得し，日本語版を作り，再テスト法を含む調査票による調査で統計的な検討を行った。具体的な手順については結果の該当項において述べている。

また，測定尺度を作成する手順及び検討について，ルビンらが版を重ねて執筆してきたソーシャルワーク研究に関する様々な方法論に関する網羅的な専門書（第7版）を主軸とした（Rubin他 2011）。なお，一部は，ロッシーらによるプログラム評価理論及び方法の主要なテキスト（第7版）も参考にした（Rossi他 2004）。

分析に使った統計ソフトウェアはマイクロソフト社のエクセルが主たるものであった。因子分析等，一部はIBM社のSPSSも使用した。

3 | 本章における倫理的配慮

測定ツールの利用及び翻訳について著者及び出版社に適切な許可依頼の手続きを取った。尺度検討調査については，日本社会事業大学社会事業研究所の研究倫理委員会の倫理審査を申請し，2012年7月25日に「承認」判定を受けた（審査ID：12-0403）。具体的な手順は結果の該当項において示されている。

2 | 本章の結果

本節では，測定ツールの選択，翻訳，また尺度検討調査のプロセスと結果

第4章　文化的な力量の測定ツールの作成

について整理した。

1 文化的な力量を測る測定ツールの選択

　クレンツマンらは，2008年に全米ソーシャルワーク教育協議会（Council on Social Work Education, CSWE）が発行しているソーシャルワーク教育に関する学術誌に掲載された論文で，対人援助分野において文化的な力量を測定する各種尺度のレビューと比較検討を行った（Krentzman他2008）。この比較結果を基に，本研究では第2章で既に取り上げたラムによる文化的な力量枠組み及びそれに基づく自己アセスメント・テストを採用することにした（Lum 2011：34-38）。選択した理由は次の通りである。

① 対人援助分野における多職種用のものではなく，ソーシャルワーク専門職に特化していること

② 第3章で紹介したCSWEによるアメリカのソーシャルワーク教育基準（学校認可基準）に直接的に，従って第1章で紹介した国際ソーシャルワーク学校連盟（International Association of Schools of Social Work, IASSW）と国際ソーシャルワーカー協会（International Federation of Social Workers, IFSW）によるソーシャルワーク教育のグローバル基準（巻末の付録1-1）に間接的に対応していること

③ 第3章で紹介した全米ソーシャルワーカー協会（National Association of Social Workers, NASW）によるアメリカのソーシャルワーク実践基準（倫理綱領，文化的力量基準及び指標など）に直接的に，従って第1章で紹介したIFSWとIASSWによるソーシャルワークの国際倫理基準に間接的に対応していること

④ ヨーロッパ系アメリカ人（アメリカのマジョリティ層）のみでなく，多様な（つまり日本人も含めた）対象者に対する普遍的な妥当性が認められていること

⑤ 信頼性について高い内的整合性（$\alpha > 0.94$）が確認されていること（カ

第Ⅱ部　文化的な力量に関する実証的な教育実験の準備

リフォルニア州立大学にて）

⑥　多様性等の基礎概念の定義が広く，日本における文化的に多様な人々についても適用可能であること

⑦　答えやすい一貫した自記式の回答形式を用いていること（リッカート尺度タイプ）

⑧　実践者のみよりも，学習者向けのもので，学習効果を測ることに適していること

⑨　アメリカの学校認可基準に沿って，ソーシャルワーカー学士（BSW），即ち学部生等向けの導入部分に当たる基礎編（ジェネラリスト・レベル）と，実践経験をもつソーシャルワーク修士（MSW），即ち（専門職）大学院生や管理職向けの上級編（アドバンスド・レベル）に分かれていること

⑩　アメリカの教育現場では，文化の多様性を扱う科目において実際に使われていること

⑪　教科書，教員用マニュアル等の豊富な関連資料が存在していること

⑫　全ての文化に当てはまる一般的な部分と文化別（文化的に多様な社会集団別）の部分に分かれていること

以上，12点は選択の理由となる。

ラムによる本枠組み及びテストは，第2章で整理したように，文化的な力量アプローチの従来の考え方及び諸専門基準に合わせて，大きく分けて①認識（awareness），②知識（knowledge），③技術（skills）から成り立っている（図4-1）。なお，図の下線部分は本枠組みから本研究で採用する領域の範囲を示している。ラムは，文化的な力量における認識・知識・技術を，具体的に文化的認識（cultural awareness），知識習得（knowledge acquisition），技術向上（skill development）と呼んでいる。基礎編（ジェネラリスト・レベル）では，それぞれが次を意味する。

・文化的認識：ワーカーの自分の文化に対する文化的な自己認識（自己覚知）及び文化の異なるクライエントに対する文化的な他者認識（態度の自覚）

第4章　文化的な力量の測定ツールの作成

図4-1　ラムによる文化的な力量の多次元モデル

社会的な文脈（文化的な力量の前提）
多様性・各種差別・抑圧
↓
文化的な力量枠組み

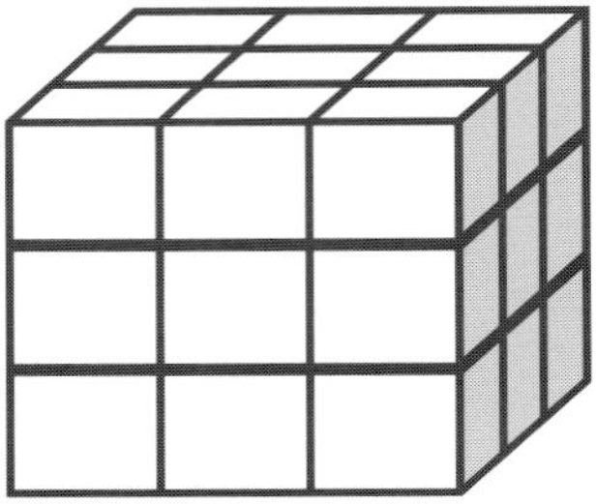

次元 1 ）一般編と文化別の分類
次元 2 ）認識・知識・技術の要素別の分類
次元 3 ）ジェネラリスト（基礎編）・アドバンスド（上
　　　　級編）のレベル別の分類
↓
努力目標（文化的な力量の目的）
社会的及び経済的正義

・知識習得：文化的な多様性関連の知識体系（基礎概念，人口統計，歴史など）の理解

・技術向上：援助過程の各段階（関係構築，問題の特定，アセスメント，介入，評価）における文化的な配慮

　基礎編（ジェネラリスト・レベル）の一般的な力量要素（4 + 5 +15＝24項目）をまとめたのは表4-1の通りである。上級編（アドバンスド・レベル）と文化別要素は，本研究において使わないため，省略する。また，下記24要素の具体的な内容については本章で後述する自己アセスメント・テストと次章の教育プログラム内容の記述において示している（126項より）。

第Ⅱ部　文化的な力量に関する実証的な教育実験の準備

表4-1 ラムによる文化的な力量の一般的な基礎編の24要素

文化的認識

1. 文化に関する自分の人生経験の認識
2. 異なる文化との接触
3. 異なる文化に対する肯定的な経験と否定的な経験の認識
4. 自分の人種主義，偏見，差別の認識

知識習得

5. 文化的な多様性に関する用語の理解
6. 文化的に多様な社会集団に関する人口統計的な知識
7. 文化的な多様性に関するクリティカル・シンキングの習得
8. 抑圧の歴史と社会集団史の理解
9. 文化的に多様な価値に関する知識

技術向上

10. クライエントがもつ抵抗感への対処方法の理解
11. クライエントに関する背景情報の入手方法の理解
12. エスニック集団という概念の理解
13. 自己開示の活用
14. 肯定的でオープンなコミュニケーション・スタイルの活用
15. 問題の特定
16. 希望（want）あるいはニーズとしての問題の捉え方
17. 各レベル（ミクロ・メゾ・マクロ）における問題の捉え方
18. 問題の文脈（人種主義・偏見・差別）の説明
19. 問題の詳細の発掘
20. ストレス要因とストレングスのアセスメント
21. クライエントの全ての次元（身体的・心理的・社会的・文化的・スピリチュラル）のアセスメント
22. 文化的に受け入れやすい目標の設定
23. 各レベル（ミクロ・メゾ・マクロ）の介入計画の作成
24. 援助過程の評価

　図4-1及び表4-1は，一人のソーシャルワーカーが個人レベルでもつべき最低限の具体的な能力として，本研究で最終的に採用する文化的な力量の操作的定義となる。

第4章　文化的な力量の測定ツールの作成

2│文化的な力量の自己アセスメント・テストの翻訳

　上述の枠組み及びそれに基づく自己アセスメント・テストの本研究におけ
る採用及び日本語への翻訳について，著作権を有しているラム本人と出版者
の許可を得た。次に，簡易和訳を行ってから，日本語版について内容的妥当
性を確保するために，有識者と協議・検討を繰り返した。具体的に，次の3
領域に分かれる専門家等を3人ずつ特定し，協力を依頼した。

・ソーシャルワークの専門性及び日本語専門用語の適切さについては，日本
　語を母語としながら，英語圏の大学院でソーシャルワーク関連の学位を取
　得している日本の社会福祉学の研究者兼教育者（3人）
・日本語表現の分かりやすさについては，最終的なプログラムの参加者と同
　類の福祉系学部生（3人）
・日本のソーシャルワーク現場への適用については，文化的に多様な当事者
　でありながら，社会福祉系の国家資格を有するソーシャルワーカー（3人）
　このような協議・検討の結果，巻末の付録4-1に示している日本語版の測
定テストが完成した。その中で，最終的な対象は学部生であるため，「文化
的な力量」の代わりに，「文化的な対応能力」という日常的により理解しや
すい表現を使い，文化的に異なる人々に対応する能力という簡単な定義を付
け加えた。更に，聞き慣れないが，基礎的な用語である「文化的に多様な社
会集団・クライエント等」については，次のような捉え方を示した。

　*あなた自身が考えている「日本文化」だけに属しないと思われる日本の住
民を指しています。例えば，様々な在日外国人，アイヌに代表される先住民
族，国際結婚で生まれた人たちや帰化者・帰国者のように外国に文化的な背
景をもつ日本人などが含まれていると考えることができます。*

　なお，「技術」をより柔軟な表現である「スキル」と入れ替えた。

第Ⅱ部　文化的な力量に関する実証的な教育実験の準備

3 │文化的な力量の自己アセスメント・テストの 日本語版の尺度検討

　日本語版テストの信頼性と妥当性について検討するために，以下のように質問紙調査を実施した。

A│調査の概要

　本調査の対象者は，関東圏にあるA大学の社会福祉系学部生3・4年生とした（第Ⅲ部の介入研究と同様）。また，先述したように再テスト信頼性も測ろうとしたため，異なる時点で全く同じ調査票を2回記入してもらう必要があり，調査期間を2012年度の夏季休暇の前と後とした。整理番号の利用を通じて，同じ人が異なる時点でどのように答えているか分かるようにした。

　調査協力は，最初に学部長に依頼した。学生への個別の依頼は，ゼミなどの担当教員を通じて行った。このような協力教員には教務課などを通じて個別に接触し，調査概要を説明した。協力を得た上で，授業中に対象学生にも同じ資料により調査概要を理解してもらった。依頼の際に，調査協力の学生について情報を得たり，能力を評価したりするよりも，調査票自体（文化的な力量の日本語版自己アセスメント・テスト）について情報を得て，評価するための調査であると明確にした。また，倫理的な配慮についても明らかにした。その一環として，プライバシーの保護のために最大限に注意し，封筒と整理番号を活用した丁寧な手順を取った。要するに，誰がどの調査票を書いた（書かなかった）か，協力教員にも筆者にも分からないようにした。

　調査票は，作成した日本語版テスト（巻末の付録4-1）に，フェースシートに属性項目を，本項目後に自由記述項目を加えたものを使用した。また，基準関連妥当性について検討するために，下記のコントロール質問を加えた。

25. 私は，文化や民族の異なる人々に，その文化を尊重しながら，文化的に

適切にかつ効果的に対応する能力があります。

1＝あてはまらない　　　2＝あまりあてはまらない

3＝ややあてはまる　　　4＝あてはまる

　比較基準となれる本テストのように文化的な力量を測る日本語による他の尺度等が存在しないため，この基準コントロール質問では文化的な力量の簡単な定義そのものを使った。つまり，この質問は一括して文化的な力量のレベルを聞いていると思われる。従って，他の24項目の合計平均得点との比較が可能となった。

B｜調査の結果

　1次調査の回答者は228人であった。回収率は85.87％で，有効回答率は93.83％となった。夏季休暇後の2次調査の回答者は161人となり，回収率は92.39％で，有効回答率は88.46％となった。再現率は70.61％となった。即ち，1次調査に協力した228人中，2次調査に161人が協力した。1次調査の回答者の属性を表4-2，文化的な力量の上述の24要素及びコントロール質問の平均得点を表4-3が示している。

　2次調査の属性情報は表4-4，文化的な力量の上述の24要素及びコントロール質問の平均得点は表4-5のようになった。

　なお，本調査は母集団について情報を得るためのものではなく，テスト自体を評価するためのものであったため，これ以上の集計等を倫理的な理由も踏まえ，控える。[62]

62）この点については，研究倫理審査及び調査協力依頼の時点で倫理的な配慮の一環として明確に断っている。

第Ⅱ部　文化的な力量に関する実証的な教育実験の準備

表4-2　1次調査の回答者の背景情報（N＝228）

属性項目	人	％
年齢		
10代	2	0.88
20代	216	94.74
30代	5	2.19
40代	2	0.88
50代	1	0.44
60代	2	0.88
性別		
女性	171	75.00
男性	57	25.00
民族的アイデンティティ		
日本人	222	97.37
その他	6	2.63
母語		
日本語	224	98.25
その他	4	1.75
海外在住経験あり（1ヶ月以上）		
あり	16	7.02
なし	222	97.37
留学生		
該当	4	1.75
非該当	224	98.25

表4-3　1次調査における文化的な力量の平均得点（N＝228）

力量領域及び要素	平均	標準偏差
文化的力量合計	2.20	0.83
文化的認識	2.60	0.93
要素1	2.78	0.84
要素2	2.37	0.97
要素3	2.51	0.90
要素4	2.43	0.79
知識習得	2.23	0.86
要素5	2.49	0.90
要素6	1.84	0.70
要素7	2.05	0.75
要素8	2.28	0.74
要素9	2.51	0.82
技術向上	2.09	0.75
要素10	2.08	0.66
要素11	1.97	0.67
要素12	2.35	0.78
要素13	2.07	0.75
要素14	2.65	0.70
要素15	2.36	0.66
要素16	2.60	0.69
要素17	2.07	0.69
要素18	2.25	0.77
要素19	2.25	0.68
要素20	2.16	0.69
要素21	1.99	0.64
要素22	2.09	0.65
要素23	1.78	0.64
要素24	1.91	0.72
基準コントロール	2.37	0.80

第4章　文化的な力量の測定ツールの作成

表4-4　2次調査の回答者の背景情報（N＝161）

属性項目	人	％
年齢		
10代	1	0.62
20代	152	94.41
30代	4	2.48
40代	1	0.62
50代	1	0.62
60代	2	1.24
性別		
女性	127	78.88
男性	34	21.12
民族的アイデンティティ		
日本人	155	96.27
その他	6	3.73
母語		
日本語	157	97.52
その他	4	2.48
海外在住経験あり（1ヶ月以上）		
あり	11	6.83
なし	150	93.17
留学生		
該当	4	2.48
非該当	157	97.52

表4-5　2次調査における文化的な力量の平均得点（N＝161）

力量領域及び要素	平均	標準偏差
文化的力量合計	2.24	0.79
文化的認識	2.52	0.89
要素1	2.78	0.84
要素2	2.37	0.97
要素3	2.51	0.90
要素4	2.43	0.79
知識習得	2.22	0.82
要素5	2.49	0.90
要素6	1.84	0.70
要素7	2.05	0.75
要素8	2.28	0.74
要素9	2.51	0.82
技術向上	2.17	0.73
要素10	2.08	0.66
要素11	1.97	0.67
要素12	2.35	0.78
要素13	2.07	0.75
要素14	2.65	0.70
要素15	2.36	0.66
要素16	2.60	0.69
要素17	2.07	0.69
要素18	2.25	0.77
要素19	2.25	0.68
要素20	2.16	0.69
要素21	1.99	0.64
要素22	2.09	0.65
要素23	1.78	0.64
要素24	1.91	0.72
基準コントロール	2.37	0.80

第Ⅱ部　文化的な力量に関する実証的な教育実験の準備

3 本章の考察

本章の考察では，上記調査結果を基に，日本語版の文化的な力量に関する自己アセスメント・テストの信頼性と妥当性について，統計的な分析を通じて検討する。

1 文化的な力量の自己アセスメント・テストの日本語版の信頼性

内的整合性（internal consistency）について検討するために，クロンバックのアルファ係数（Cronbach's Alpha coefficient）を計算した。1次調査の結果からは$\alpha = 0.88$，2次調査の結果からは$\alpha = 0.92$が算出され，十分と判断した。

再テスト信頼性（test-retest reliability）について検討するために，1次調査と2次調査の両調査で回答した者（161人）の2時点における得点結果の間の相関関係について検討した。具体的には，ピアソンの積率相関係数（Pearson product-moment correlation coefficient）を計算し，無相関の検定（t）を行った。分析から，$r = 0.61$（$p < 0.00$），0.50以上の相関係数が確認された。本テストは質問項目からも分かるように，例えば様々な心理尺度ほど厳密なものではなく，専門用語を使って対人援助職の各種能力に関する自己意識を測っているため，この分析結果について十分と判断した。図4-2は1次調査と2次調査の相関を視覚的に示している。

2 文化的な力量の自己アセスメント・テストの日本語版の妥当性

初歩的な表面的妥当性（face validity）を24要素のリスト（表4-1）と調査項目の内容（巻末の付録4-1）から確認できた。内容的妥当性（content validity）については，結果で既に述べたように，翻訳作業における有識者

第4章　文化的な力量の測定ツールの作成

139

図4-2 再テスト信頼性：
1次調査及び2次調査結果の相関関係（N＝161）

r＝0.61（p＜0.00）

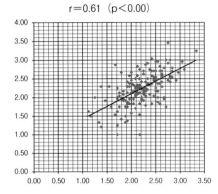

図4-3 基準関連妥当性：
1次調査の力量得点とコントロールの相関関係（N＝228）

r＝0.53（p＜0.00）, η^2＝0.29（p＜0.00）

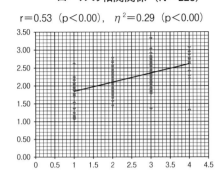

等との協議・検討の繰り返しを通じて確認した。

　基準関連妥当性（criterion-related validity）について以下のように検討した。予測的妥当性（predictive validity）について取り扱うのは，時間的な制約のため不可能であった。同じく，類似した概念を測る日本語テストが存在しないため，併存的妥当性（concurrent validity）を確認することも困難であった。また，同様の理由で，既知集団妥当性（known groups validity）の検討もできなかった。しかし，これらの問題を解消するために，上述したように事前にコントロール質問を独自に設けた。調査後，1次調査における文化的な力量要素に関する24項目の合計得点とコントロールの設問25の得点について，それらの相関関係を調べた。第一に，先述のピアソン係数の算出と無相関の検定をしたことから，r＝0.53（p＜0.00）の分析結果を得た。第二に，相関比（correlation ratio）を計算し，相関比の検定（F）を行い，相関比はη^2＝0.29（p＜0.00）と算出した。前者は0.5を，後者は0.25

---

63) 級間相関（interclass correlation）。
64) 級内相関（intraclass correlation）。

第Ⅱ部　文化的な力量に関する実証的な教育実験の準備

を超えていたため，相関が認められた。図4-3は，力量得点とコントロールの相関を示している。

　構成概念妥当性（construct validity），つまり認識・知識・技術領域はどのように分かれているかをみるために，因子的妥当性（factorial validity）について検討した。因子分析を試みたが，認識・知識・技術の明確な3因子構造が確認できなかった。しかし，これらの概念は相互に強く影響し合い，総合的に力量を測っていると考えられるため，分かれないという予想と合う結果となった。また，英語テストについても統計分析を踏まえた因子構造が確認されておらず，原版の弱みであると既に報告されている（Krentzman他 2008）。但し，このテストは，先述したように心理尺度の類ではないため，この結果を十分と判断した。なお，既に述べたように日本には類似尺度がまだないため，収束的妥当性（convergent validity）と弁別的妥当性（discriminant validity）についても取り上げることができなかった。

3 | 自由記述の分析

　考察の最後に，自由記述について取り上げる。1次調査において41人，2次調査において13人より自由記述回答があった。テストの質問内容及び表現（使用概念など）について，難しいという意見がみられた。この背景に，文化的な差異自体，そしてそれに関する専門的なソーシャルワークについて考えた，学んだことがないことがあると思われる。実際に，次のような回答もあった。

・「答えるのが難しかった。というのも，文化に対する理解が薄いからだ」
・「学生には難しい内容，経験したことのない，考えたことのない内容だった」
　興味深いことに，全く同じ調査票であったにもかかわらず，2回目の調査の質問を分かりやすく感じた以下のような対象者もいた。
・「以前の調査項目よりも分かりやすかった」
　要するに，既に少なくとも1回考慮したことのある内容であることによっ

第4章　文化的な力量の測定ツールの作成

141

て，テストが理解しやすくなった実感が得られたようである。また，調査対象者は学生で，実務経験がなかったため，特に技術に関する質問が答えにくかったと述べた者が複数人いた。このようなことが，自分の理想と実際の能力レベルのギャップの意識化に繋がった回答者もいた。例えば以下の答えはそれに当てはまる。

・「文化的に多様な人々の支援は必ずどこかでやらなければならぬ。避けて通れない事柄だし，支援できることならしたいという気持ちであるけど，じゃあ，実際どういう能力があるかというとそうじゃないなと後半の質問[65]を答えていて思った」

更に，自由記述で日本のソーシャルワークにおける文化的な力量の必要性を訴える意見も見受けられた。そして，調査票を記入したことがそれに対する個人的な気づきに結びついた下記のような調査協力者もいた。

・「このアンケートから自分が文化的な対応能力をまだ身につけていないことを認識できた。今後，日本人はもっと文化的な対応能力を必要とするだろうから，私も少しでも多く理解していきたいと思う」

・「日本人には馴染みが少なく，関心を抱えていたことがなかったので，大変興味深い調査内容だと感じた」

・「自分自身がまだ未熟だということに気づかされる質問が多く，調査に協力できて良かったと思った」

その中で，関連授業の導入の必要性に関して述べる次のような声もあった。

・「実際自分が文化等多様なクライエントと接した時，スキルが低すぎて対応できないと思った。でも今後はそのようなスキルが必要だと思った。大学で多文化を学べる講義があれば面白いと思う。というより，必修にあって欲しい」

・「あまり自分が，文化的に多様なクライエントについて，理解していなかったことに気づいた。この分野について，専門的な講義を受けたこともなかっ

---

65)「そうじゃない」，即ち「あてはまらない」という回答となったという意味。

たので，盲点だった。気づくことができて良かったと思う。多文化性を理解できている自負はあったが，専門的な援助ができるかとなると，知識不足であることに気づいた」

4 本章の結論：文化的な力量を測る初めての日本語版テストが完成

本章では，日本語による文化的な力量の測定ツールを初めて作成することができた。また，調査を通してその信頼性と妥当性について検討した。よって，学習効果を測ろうとしている第Ⅲ部の実証研究に必要なテストが確定した。

本章の引用文献（ABC順）

Krentzman, A. R., Townsend, A. L. (2008) *Review of multidisciplinary measures of cultural competence for use in social work education.* Journal of Social Work Education, Council on Social Work Education 44(2), 7-31.

Lum, D. (2011) *Culturally Competent Practice: A Framework for Understanding Diverse Groups and Justice Issues (4th Ed.)*, Brooks/Cole Cengage Learning.

Rossi, P.H., Lipsey, M. W., Freeman, H. E. (2004) *Evaluation: A Systematic Approach (7th Ed.)*, Sage.（＝2005, 大嶋　巌・平岡公一・森　俊夫・元永　拓郎監訳『プログラム評価の理論と方法—システマティックな対人サービス・政策評価の実践ガイド』日本評論社.）

Rubin, A., Babbie, E. (2011) *Research Methods for Social Work (7th Ed., International Ed.)*, Brooks/Cole Cengage Learning.

第5章 文化的な力量を促す教育プログラムの作成

本章の要旨

本章では，学習者の文化的な力量向上を期待できる日本の教育プログラムを作ることを目的とした。本研究で採択したラムによる理論的枠組みに沿って，海外の教材などの各種文献を基にプログラム作成に取り組んだ。第一資料として，ラム自身による教科書や講師マニュアル等を，第二次資料としてソーシャルワークに特化したその他の国際的な専門書を，第三次資料として対人援助において求められる文化的な認識を促す参加型学習のテキストを参考にした。結果で示すプログラムは，導入編・認識編・知識編・技術編から成り立っており，ラムが提示する文化的な力量枠組みの3領域と24要素を網羅している。考察では，プログラムの特徴について，参加型学習による文化的な認識の重視と，そのために必要な学習環境の整備及びファシリテーションにおける細かい配慮などを取り上げた。本章によって，教育実験による実証研究に必要な介入プログラムが確定した。

1 本章の概要

本章では，以下の目的，研究枠組みと方法等に沿って研究を進めた。

1 本章の目的

研究全体の総合目的は「日本における文化的に多様な人々に対応できる能力，即ち文化的力量（cultural competence）をもつソーシャルワーク専門職の効果的な教育プログラムの構築」である。それに向けて，本章では文化

第Ⅱ部　文化的な力量に関する実証的な教育実験の準備

的な力量の向上が見込まれる日本の教育プログラムの作成を目的とした。

2 | 本章の研究枠組みと方法

　前章の結果，本研究ではラムによる文化的な力量モデル及びそれに基づく自己アセスメント・テストを採用した。従って，この枠組みに沿った力量向上という学習効果を期待できる教育プログラムを作るにあたり，第Ⅰ部の研究成果の他に，以下の文献を参考にした。

　第一次資料として，ラム本人による教科書（Lum 2011a），講師マニュアル（Lum 2011b），スライド集（Lum 2011c），そして学生のための概略及びハイライト集（Lum 2011d）を使用した。

　第二次資料として，ソーシャルワーク教育に特化した文化的な力量に関する文献を参照した。具体的に，以下のものを含めた。

・全米ソーシャルワーク教育協議会（Council on Social Work Education, CSWE）の人種・民族・文化的多様性委員会が1997年に全国の関連カリキュラムを調査し，授業概要などの教える材料を整理した教育事例集[66]（Devore他 1997）

・CSWEが発行した多文化ソーシャルワーク実践に向けた教育カリキュラムに関する論文をまとめた専門書[67]（Gutierrez他 2004）

・同じくCSWEが出版している多様性教育の手法に関する論文集（Van Soest他 2008）

・第2章で整理したようにイギリスの認識トレーニング（awareness training）の先駆者カッツによる参加型学習のための講師用テキスト（Katz 2003）

---

[66] 本書は，第2章でみてきたように文化の多様性に関するソーシャルワーク実践モデルの初期提唱者の一人で，民族的な感受性（ethnic sensitivity）アプローチで知られているデヴォアーらのリードの下で，全国の関連カリキュラムの調査を踏まえて作成された。

[67] ラム自身が共同編集者となっている。

第5章　文化的な力量を促す教育プログラムの作成

・第 2 章のように，イギリス発の反差別的な実践（anti-discriminatory practice, ADP）の提唱者であるトムソン著の多様性に関する参加型研修の講師マニュアル（Thompson 2009）

・認識面を促すための多くの参加型ワークを紹介しているソーシャルワークにおける多様性アプローチの専門書（Gast他 2012）

・ワシントン大学のソーシャルワーク[68]校で開発されたソーシャルワークにおいて求められている文化的な力量に必要な自己認識の向上を目的とした研修マニュアル[69]（WUSTL 2008）

　第三次資料として，ソーシャルワークには特化していないが，対人援助における文化的な力量の第一領域であり，第 3 章の結論から本研究で重視する文化的な認識を促す参加型学習のために参考になる次の関連図書も多いに活用した。

・アメリカ平和部隊[70]において行われている異文化間教育の教科書及び講師用テキスト（Peace Corps 1997a, 1997b）と参加型の多様性研修のためのカリキュラム集（Peace Corps 2005），また学校教育への普及のためにこれらを編集した講師マニュアル（Peace Corps 1998, 2007）

・カリフォルニア大学で森田が開発した多様性認識トレーニングを基にした多様性研修の講師育成テキスト及びその続編（森田 2000, 2009）

　なお，筆者は多様性をテーマとした参加型教育のファシリテーションの各種手法を学ぶために，2012年 4 月に森田による 3 日間の多様性トレーナー養成講座を受講した。

68）日本社会事業大学の学術交流パートナー校である。

69）コロンビア大学ソーシャルワーク校の関連ワークショップの改正版にあたる。

70）ケネディ大統領が発足させた国際援助の海外ボランティア組織。後にJICAの青年海外協力隊のモデルとなった。

第Ⅱ部　文化的な力量に関する実証的な教育実験の準備

3 本章における倫理的配慮

本章は資料・文献調査による研究であり，学術誌『社会福祉学』の投稿規程及び日本社会福祉学会研究倫理指針における引用等に関する規定に従った。

2 本章の結果

文化的な力量の向上を目的として作成した教育プログラムについて，導入編を紹介した後，ラムの枠組みに沿って，認識・知識・技術の順で整理する。全体構想は図5-1の通りである。

図5-1 教育プログラムの全体像

1 教育プログラムの導入編（2時間）

導入編のレジュメは巻末の付録5-1に示している。

最初に，プログラム全体の目的（力量向上）と構成（流れ）について整理してから，講師が自己紹介を行う。講師の自己紹介は参加者の自己紹介の見本となると同時に，発言しやすい雰囲気作りのために，個人的な逸話等も交えて丁寧に行う。また，講師の経歴の紹介はソーシャルワークにおける文化的な多様性の課題に繋がるようにする。

続いて，ソーシャルワーク専門職と文化的な多様性に関する歴史的動向（時間軸）と現代における国内外動向（空間軸）についてまとめ，日本における必要性の理由について以下の4ポイントを提示する（第1章の結論を参照）。
①日本社会の文化的な多様化

②文化的に多様な人々の周縁化

③ソーシャルワーク専門職の倫理的責任

④ソーシャルワーク教育等の国際基準への対応

　③に関しては国際倫理声明と日本社会福祉士会の倫理綱領及び行動規範を配布し，該当箇所を示す（第1章の結果を参照）。

　次に，ソーシャルワークのグローバル定義[71]から導いたソーシャルワークの人間観と援助観から，文化的に多様な人々が抱えるニーズに対して，CSWEが提示した二重枠組み（dual perspective）に沿ってシステム論的な捉え方を示す（第1章の考察を参照）。

　最後に，文化的な力量枠組み[72]を紹介する。文化的な力量自体，また構成概念である文化と力量の定義を提供する。文化の構築主義的な概念理解を深めるために，様々な比喩（文化の氷山モデル，色眼鏡のたとえなど）を使って説明する（第2章の考察を参照）。そして，プログラムがカバーする文化的な力量の3領域（文化的な認識・知識・技術[73]）と24要素（前章の表4-1を配布）について整理する。

　終わる前に質疑応答の時間を設ける。

2 教育プログラムの認識編 （4時間）

　認識編は，参加型学習が中心になるため，レジュメを使用しない。この領域の習得すべき4力量要素は以下の通りである（詳細内容は巻末の付録4-1のテストの該当する質問項目を参照）。

・要素1：文化に関する自分の人生経験の認識

・要素2：異なる文化との接触

---

71) 講義資料にはまだ旧国際定義が載っている。
72) 講義資料では，日常的により分かりやすい「文化的な対応能力」という訳語が使われている。
73) 講義資料ではより日常的な「スキル」という表現が使用されている。

第Ⅱ部　文化的な力量に関する実証的な教育実験の準備

・要素3：異なる文化に対する肯定的な経験と否定的な経験の認識

・要素4：自分の人種主義，偏見，差別の認識

　参加型学習に向けて，安心できる学習環境を整えるために，下記の基本ルールを設定する（森田を参考に）。

・「参加」のルール：相互学習を目標にグループワークになるべく積極的に参加するが，無理はしない（気持ち的に参加しにくい場合は講師に伝え，個別ワークに取り組む）

・「尊重」のルール：ディスカッション等においてお互いの人格を非難せず，議論はお互いの意見のみを対象とし，論点を並べながら，反対意見を述べるようにする

・「守秘」のルール：ワーク中に共有し合った個人的な内容を教室外で，本人の許可なしに広めない

・「時間」のルール：講師が設定した制限時間を守るように努力する

　次に，名札作りとグループ分けを行ってから，参加者同士が仲良くなるアイスブレイクを兼ねて，順番で以下のワークを実施する。各ワークの前に講師が見本を示す。また，終了後の総括に向けて，各ワークを下記の手順に沿って行う（森田を参考に）。

①体験：ワーク自体に参加する

②共有：お互いの感想等をシェアする

③議論：お互いの考えを基にディスカッションをする

④焦点化：分かった主要な教訓をまとめる

⑤照合：考えたことを自分の人生経験に照らし合わせる

⑥適用：分かったことの専門的なソーシャルワーク実践における重要性について考える

　なお，全てのワークを巻末の付録5-2にて示している。

・ワーク1：「第一印象」は平和部隊を参考にしている。本ワークの目的は参加者が知り合うことと偏見のダイナミックスについて考えることである（要素4に対応）。

第5章　文化的な力量を促す教育プログラムの作成

- ワーク 2：「私の名前」は森田を参考にしている。本ワークの目的は参加者がより知り合うことと文化的アイデンティティについて考えることである（要素 1 に対応）。
- ワーク 3：「文化のあらゆる側面」は平和部隊を参考にしている。本ワークの目的は文化の範囲の広さ，様々な側面を理解し，自分の文化のいくつかの側面を言語化することである（要素 1 に対応）。
- ワーク 4：「私の文化」は平和部隊を参考にしている。本ワークの目的は内在化された文化の概念を理解し，属する文化の自分にとっての意味について考えることである[74]（要素 1 に対応）。
- ワーク 5：「文化の異なる人々との経験」はラムを参考にしている。本ワークの目的は文化的に多様な人々との今までの関わりをアセスメントし，具体的な出会い経験及びその影響を認識することである（要素 3 に対応）。
- ワーク 6：「一般化とステレオタイプ」は平和部隊を参考にしている。本ワークの目的は過剰な一般化について考えることで，固定概念化と偏見・差別の関係を理解し，予防策として一般化の回避方法を学習することである（要素 4 に対応）。
- ワーク 7：「ある場面の解釈」は平和部隊を参考にしている。本ワークの目的は異文化間理解における解釈の重要性を理解し，文化的な文脈と偏見・差別の関係について考え，異なる文化の視点（文脈）で物事を解釈することを学習することである[75]（要素 4 に対応）。
- ワーク 8：「レッテル貼り」はワシントン大学ソーシャルワーク校を参考にしている。本ワークの目的は社会の中にあるステレオタイプを探し，偏見・差別・抑圧のダイナミックスを理解し，自分自身と自分が行う援助実践へ及ぼす影響について考えることである（要素 4 に対応）。
- ワーク 9：「パワー」はワシントン大学ソーシャルワーク校を参考にして

---

74) 個別のものであるため，時間に応じて，このワークを宿題にしても良い。
75) 2 枚目のワークシートは 1 枚目の記入後に配る。

第Ⅱ部　文化的な力量に関する実証的な教育実験の準備

いる。本ワークの目的は自分の個人的及び専門的な人生におけるパワーの役割について考え，パワーのあらゆる形態と相対性を理解し，自分が専門職としてクライエントに対してもつパワーを認識することである（要素4に対応）。

3 教育プログラムの知識編（2時間）

知識編のレジュメは巻末の付録5-3に示している。この領域の習得すべき5力量要素は以下の通りである（詳細内容は巻末の付録4-1のテストの該当する質問項目を参照）。

・要素5：文化的な多様性に関する用語の理解
・要素6：文化的に多様な社会集団に関する人口統計的な知識
・要素7：文化的な多様性に関するクリティカル・シンキングの習得
・要素8：抑圧の歴史と社会集団史の理解
・要素9：文化的に多様な価値に関する知識

本編は主に講義の形式をとる。要素5に対応するために，多様性・マイノリティ・多文化主義（日本でいう多文化共生）の概念的な捉え方についてスライドに沿って説明する。要素6については，入国管理局等の統計資料を配り，先住民族についても取り上げて整理する（第1章の結果を参照）。なお，日本特有の問題として，文化的に多様な人々に関する理解を深めるために，同じく入国管理局の資料を基に，在留資格制度と資格による立場の違いについて紹介する（入国管理法の在留資格一覧表）。また，在留資格別に適用可能な社会福祉サービスの制度論に関しては，例えば日本社会福祉士会の国際・滞日外国人支援委員会が整理したものを使用する（日本社会福祉士会2009：20-29）。

要素7のクリティカル・シンキングについて，ラムの教科書通りに講義する。最初に，以下のようにいくつかの定義を示す（全て筆者訳）。

・知見について考え，それを吟味するための基準をもった物事の捉え方

第5章　文化的な力量を促す教育プログラムの作成

151

・唯一の決定的な答えや解決の存在しない状況，現象，課題，矛盾について何を信じるか，信じないのかを決めるプロセス（過程）

・問題の性質の分析と因果関係の理解に向けた純粋な探究

　続いて，一般的な物事に対するクリティカル・シンキングの手順（問いの形成と分析，論説の分解，理論の区別，理論の形成）とソーシャルワーク理論を評価する場合の手順（理論の理解，理論の分解，実践に及ぼす影響の想定，理論を評価するための基準の制定と活用，論理展開の誤りの発見）を教える（詳細は付録の講義資料を参照）。最後に，文化の多様性の視点から，実践場面において援助アプローチの選択におけるクリティカル・シンキングの下記の評価枠組みを提供する。

・アプローチの歴史の考慮：なぜ，どのように発展してきたか

・アプローチの仮定の考慮：何が前提になっているか（何が「当たり前」の人間観として問われていないか）

・アプローチの論理的な欠陥の考慮：矛盾，展開の誤りはあるか

・アプローチの実践的な活用の考慮：現場でどのように役立つか

・アプローチの強みと弱みの考慮：他のアプローチとの比較

・アプローチの実践上のジレンマの考慮：目の前の場面においてどこまで使えるか

　日本における文化的に多様な社会集団史（要素8）は，講義資料のスライドに沿って，日本社会の多様化の歴史を，明治時代の北海道開拓と沖縄征服から，朝鮮半島と台湾の植民地支配，戦後の難民受け入れや中国帰国者，近年の労働及び結婚移住の現象等までの過程を時系列的に紹介する（第1章の考察を参照）。しかし，文化的なマイノリティの抑圧の歴史は，マジョリティ（日本人）の学生にとって侵襲的な側面もあり，一方的な講義ではなく，参加型で行う。ラムが提供する抑圧の定義（「資源へのアクセスと公平で平等な活躍の場の構造的な剥奪（筆者訳）」）を示してから，ラムの枠組みに載っている抑圧の下記の種類のみ提示し，なるべく参加者からそれぞれに当てはまる日本の歴史的な例を思い浮かべてもらう（必要に応じて講師が補足の

第Ⅱ部　文化的な力量に関する実証的な教育実験の準備

152

み）。このように，本要素はより安心できる相互学習がメインとなる。

・労働力や土地の搾取
・強制移住や移住の禁止
・隔離及び社会サービスからの排除
・権利獲得闘争や運動
・貧困，家族の解体，社会的不適応といった現在における不利
・その他（虐殺，同化政策など）

　同じく，要素9が定めるソーシャルワーク専門職に求められる文化的に多様な価値に対する知識もラムの教科書を基に講義する。最初に，価値の定義を「振る舞い方，人生における決断，そして関連する規範的な行動（外面）を左右する好ましい選択に関する信条（内面）」と示す（筆者訳）。そして，ソーシャルワーク実践において重要な価値領域（家族様式，敬意の払い方，調和のとり方，スピリチュアリティ，協力ネットワーク）の相対性と少数派クライエントの場合によくみられるパターンについて説明する。

　終わる前に質疑応答の時間を設ける。

4 ｜ 教育プログラムの技術編（4時間）

　技術編のレジュメは巻末の付録5-4に示している。この領域の習得すべき15力量要素は以下の通りである（詳細内容は巻末の付録4-1のテストの該当する質問項目を参照）。

・要素10：クライエントがもつ抵抗感への対処方法の理解
・要素11：クライエントに関する背景情報の入手方法の理解
・要素12：エスニック集団という概念の理解
・要素13：自己開示の活用
・要素14：肯定的でオープンなコミュニケーション・スタイルの活用
・要素15：問題の特定
・要素16：希望（want）あるいはニーズとしての問題の捉え方

第5章　文化的な力量を促す教育プログラムの作成

・要素17：各レベル（ミクロ・メゾ・マクロ）における問題の捉え方

・要素18：問題の文脈（人種主義・偏見・差別）の説明

・要素19：問題の詳細の発掘

・要素20：ストレス要因とストレングスのアセスメント

・要素21：クライエントの全ての次元（身体的・心理的・社会的・文化的・スピリチュアル）のアセスメント

・要素22：文化的に受け入れやすい目標の設定

・要素23：各レベル（ミクロ・メゾ・マクロ）の介入計画の作成

・要素24：援助過程の評価

　技術編は，本枠組みの基礎編で考えられているケースワークを念頭に援助過程の各段階（関係構築，問題の特定，アセスメント，介入，評価）において求められている文化的な配慮等について，ラムのテキストに沿ってスライド等の講義資料を使って教える。

A｜関係構築の段階（要素10〜14，付録の講義資料においてスライド4〜11）

　要素10の抵抗感への対処に関しては，ミニ・マックスの原則（クライエントの抵抗感の最小化，動機付けの最大化）を紹介し，ワーカーの態度（オープンさ，本音で関わりたい気持ちの表明）を強調する。また，コミュニケーションの壁を越えるために，礼儀正しさに加え，言語や態度的な障壁の軽減の必要性と，クライエントの文化について質問することで関心を示す有用性を指摘する。

　エスニック集団に関する要素12に関しては，クライエントの帰属コミュニティについて人口学的な特徴，文化・経済・社会的傾向と統計指標，歴史と主要な社会問題を理解するために，情報収集の方法（コミュニティのキーパーソンに聞く，参与観察を行うなど）を教える。そして，背景情報の入手の要素11とも関連して，クライエントが自分の文化的コミュニティへの関わり方の度合いを判断する必要について説明する。関係構築の文化的に適切な手順

第Ⅱ部　文化的な力量に関する実証的な教育実験の準備

とマナーについて，ラムが提示する以下の項目について講義する。

・文化特有の正式な関わり方に従う

・敬意を払う

・挨拶，世間話，最近の事情から始め，直接的に話題に入らない

・家族，コミュニティのキーパーソンとも適切に関わる

・「伝える」よりも「お願いする」

・秘密厳守の保障と援助過程の構成について明確に伝える

　要素13に当たる専門的な自己開示（「自己」の専門的な活用）の意義，留意点，手段について次のようにまとめる。

・自己開示によって「専門家の壁」がとれ，人間的な関わりが実現する

・ワーカーとクライエントの共通点（関心領域）を探る

・逆に，クライエント（の文化）によっては専門性の強調が安心を与える場合もあることを忘れない

・クライエントの背景から共通話題を探す

・自己開示の流れは自己紹介→専門性の紹介→共通点となる

・しかし，共通点について最初は問題領域を避け，関心（趣味）→感情（共感）→問題（次段階）の手順を守る

　コミュニケーションに関する要素14は，サービス提供機関の組織環境（文化的なアイテムを含む物理的な環境，通訳などの人員配置）からして肯定的なメッセージを発信する重要性を理解してもらってから，身振りなどの非言語側面について整理する。文化によって規範が著しく異なる握手などの身体的な接触と目線の活用について特に注意し，クライエント自身か，あるいは同じ文化的な背景をもつ人に事前に確認するよう勧める。通訳を巡って，専門的な教育・研修の必要性を指摘した上で，通訳を介して関わる場合でもクライエント自身と関わるようにし，フィードバックを求めるよう教える（通訳者ではなくクライエントの顔をみるなど）。また，同じく通訳の問題について，小さいコミュニティにおいてプライバシーを確保する困難について取り上げる（同じ言語を話す通訳者とクライエントの私的な面識）。そして，

第5章　文化的な力量を促す教育プログラムの作成

クライエントが抱えている問題の文化的な意味の違いに対する配慮について理解してもらう（例えば，精神病や性的虐待のように，特にデリケートで，解釈が文化によって異なる問題の場合）。最後に，通訳者本人にとっての負担と不適切さの可能性について指摘する（例えばクライエント本人の子どもに依頼する場合）。オープンなコミュニケーション・スタイルについて，開かれた質問とあいづちの利用と下記の各種聞き取り反応を提示する。

・支援的な反応（別の言葉で繰り返す）
・理解的な反応（クライエントが捉える意味，認識を確認する）
・探索的な反応（開かれた／閉じた質問をすることで更なる情報を探る）
・解釈的な反応（全体的な実態を総括的に整理する）
・評価的な反応（代替案を選んでもらう，方向を示すなど）

B│問題の特定の段階（要素15〜19，付録の講義資料においてスライド12〜17）

　要素15はクライエントによる問題の表出のための支援を意味する。その背景に，恥や戸惑いの問題，秘密保持などの困難についても援助過程において配慮するよう講義する。また，クライエントが問題の表出に向けた努力を思わせる発信サイン（間接的な質問，曖昧な表現）へ最大限の注意を払うよう教える。このようなサインを読んで，問題について仮説を立て，タイミングよくクライエントに確認するように伝える。また，例えば家族について質問するなどによって，ワーカーの純粋で温かい関心を示すよう教示する。

　続いて，要素16の問題志向では，問題を病理や欠陥として否定的にみるより，むしろ成長と学習の機会として捉えることを目指して，叶えられていない希望（満足感の欠如），あるいは満たされていないニーズ（充足感の欠如）として見直し，クライエントと一緒に肯定的に再考・再認識することで，クライエントの成長の可能性を促進するエンパワーメント型支援について理解してもらう。この解釈では，問題自体はクライエント自身が自分のもっているストレングスや資源を活用するための出発点となる。そのために，問題に

第Ⅱ部　文化的な力量に関する実証的な教育実験の準備

156

対して代替的な解釈をワーカーが提供する必要性について説明する。

問題の各レベルに関する要素17に関しては，以下の構造を理解してもらう。

・問題のマクロ側面：制度・文化の壁（サービス適用の限界，差別，法的な規制，言語の違いなど）

・問題のメゾ側面：家族などの小集団の緊張関係（構成員間で言語利用などの文化適応の度合いにおける違いによる役割の逆転，帰属コミュニティへの責任の問題など）

・問題のミクロ側面：上記による個人への負担

次の要素18はクライエントが抱える問題の文脈として，人種主義（認知面），偏見（情緒面），差別（行動面），抑圧（構造面）について指摘している。本要素を習得させるために，これらの4要因のダイナミックスとそれらがクライエントに及ぼす影響について例を通して教える。そして，これらに関するクライエント自身がもつ人生経験に対する帰納的な理解の必要性について指摘する。

最後に，要素19に当たる問題の詳細を明らかにする技術について，第一に文化的に多様な人々が抱えている問題の幅広さ（移住過程に起因する問題，文化的アイデンティティを巡る葛藤，文化適応によるストレスなど）と時間を要することを理解してもらう。そして，方向性として次の問いを示す。

・問題はいつ起きている（激しくなっている）か

・問題はどこで起きている（激しくなっている）か

・問題が起きている（激しくなっている）際に誰が関わっているか

・問題を巡って何が主な課題か

C｜アセスメントの段階（要素20～21，付録の講義資料においてスライド18～21）

要素20は心理社会的な視点に基づいたアセスメントを整理しているため，最初に下記の概念理解を明示する。

①社会的な側面＝環境からクライエントが受ける影響

第5章　文化的な力量を促す教育プログラムの作成

②心理的な側面＝環境から受ける影響に対するクライエントの個人的な反応

そして，文化的に多様なクライエントの場合に，①に含まれるストレス要因（文化変容，経済面，文化適応などの問題）を説明し，コーピング（対処）能力が不足している場合に起こる②の反応（精神症状，アイデンティティの葛藤など）について取り上げる。また，コーピングに必要なストレングス（能力，資源）は，特に文化的・スピリチュアルなものを次のように整理する。

・内面の文化的なストレングス：宗教的な信仰，民族的な誇りなど
・外面の民族集団のストレングス：家族やコミュニティのネットワーク及びそれにおける様々な資源

要素21は，アセスメントの幅を広げ，同じく特に文化的及びスピリチュアルな側面に焦点を当てている。身体・心理・社会に加え，文化的なアセスメントの必要性を強調し，クライエントの文化的アイデンティティや様々な疾病などの問題に対する帰属文化における独特な解釈の仕方に対する理解を促す。また，スピリチュアルなアセスメントにおいても内面（信仰）と外面（宗教組織）を分け，これらがクライエントの現在と過去の人生における役割を把握する重要性を示す。

D｜介入の段階（要素22〜23，付録の講義資料においてスライド22〜27）

援助目標設定に関する要素22では，その前に合意形成を重視し，文化的に受け入れ可能な目標に向けて，最初に成果目標について整理するように教える。これは，クライエント自身の言葉による成果目標の言語化と，優先順位の立て方を含む。また，その中で求められる行動変化について，クライエントの具体的な意思を確認するよう勧める。そして，中間的な目標として，より細かい目的課題を設定することが欠かせないと伝える。なお，援助契約に関しては，クライエントはもちろん，なるべくクライエントの周囲にいる様々な利害関係者（家族，コミュニティのキーパーソン）が議論を重ねて参加する必要があることを教示する。契約自体については，図式を活用し，文化に

第Ⅱ部　文化的な力量に関する実証的な教育実験の準備

合う適切な方法で書面か口頭で具体的に言語化した約束を交わす手順を提示する。

要素23の介入計画は，上述の問題特定とアセスメントと同様に，自分の人生におけるコントロールを失っているクライエントのパワーレス状態（第2章の結果を参照）の解消を目的とした少数派クライエントに対して有効な多元的エンパワーメント・アプローチに沿って，包括的に立てることについて講義する。具体的には，なるべく以下の各レベルの戦略を含めるよう教示する。

・ミクロ戦略：自分のために個人及びコミュニティの様々な資源を活用するようクライエント自身のエンパワーメント（社会的な要因として構造的な被抑圧状態への気づきを促すことによって責任の外在化，また成功体験を通じた自己肯定感の向上）

・メゾ戦略：集団意識とコミュニティ参加の促進，ワーカーを含む協働と構造的な変革の必要性の意識化に向けたエンパワーメント（集団的なソーシャルアクション）

・マクロ戦略：組織・制度的な変革，権力と資源の再配分，アドボカシー団体との連携による大規模のエンパワーメント

E｜評価の段階（要素24，付録の講義資料においてスライド28〜29）

要素24の習得に向けて，援助過程の終結と評価について次の手順を示す。

・継続的なサポートネットワーク（家族，友人，文化的コミュニティの資源，他機関など）との連携

・問題状況と援助過程上の成長の再検討

・設定・合意した目標・成果の達成度の確認

・フォローアップ計画の起動（定期的な電話などの再チェックが徐々に消えていくよう）

・クライエントからみて文化的に適切な別れ方の実施

第5章　文化的な力量を促す教育プログラムの作成

技術編全体が終わる前に質疑応答の時間を設ける。なお，時間があれば，本編では事例検討やロールプレイ等の参加型手法を活用することができる。

3 本章の考察

本章の考察では，作成した教育プログラムの特徴について述べる。

第一に，プログラムの規模は合計12時間となっている。これは，集中講義の場合，2日程度で実施可能である。技術編を染み込ませるために参加型学習法を取り入れて丁寧なロールプレイや事例検討を行うことで，あるいは知識編に主要な国内の文化的に多様な社会集団に関する文化別の内容を含むことで時間が延びる。従って，実施時間を現在の約2倍に設定し，半期（15回）に渡って授業することが理想的であると考えられる（15回×90分＝22.5時間）。

第二に，第3章の結論に鑑み，本プログラムは文化的な力量の最初の領域に当たる認識の4要素を時間的に重視している。これは，文化的な自己認識及び他者認識の向上という意識の変化は参加型学習を要するからである。また，ラムの枠組みにおける技術編をみても，関係作り，問題の捉え方やアセスメントという援助過程の初期の段階の力量要素が重点的になっている。実質的に，これらには，文化的な認識のレベルによって左右されるワーカーの態度，物事の見方，考え方が大いに関連していると思われる。そのために，このプログラムの作成にあたり，文化的な認識を促進する参加型学習のために最適の学習環境の整備に向けて，最大の注意を払い，最も努力した。参加型ワークに先だって基本ルールの設定，各種アイスブレイクの実施，適切なファシリテーション手法の活用を取り上げることができ，これらの配慮点によって参加・発言しやすい場の形成がしやすくなると思われる。

第Ⅱ部　文化的な力量に関する実証的な教育実験の準備

4 本章の結論：国際的に通用する理論に沿ったプログラム案が完成

　本章では，国際的に通用する理論的枠組みに沿った文化的な力量向上のための日本における教育プログラムを作った。これによって，第Ⅲ部で目指す実験デザインによる実証的な教育研究に必要な介入プログラムが手に入った。

本章の引用文献（ABC順）

Devore, W., Flethcer, B. J. (1997) *Human Diversity Content in Social Work Education: A Collection of Outlines with Content on Racial, Ethnic, and Cultural Diversity*, Council on Social Work Education.

Gast, L., Patmore, A. (2012) *Mastering Approaches to Diversity in Social Work*, Jessica Kingsley.

Gutierrez, L., Zuniga, M., Lum, D. eds. (2004) *Education for Multicultural Social Work Education: Critical Viewpoints and Future Directions*, Council on Social Work Education.

Katz, J. H., (2003) *White Awareness: Handbook for Anti-Racism Training (2nd Ed.)*, Oklahoma.

Lum, D. (2011a) *Culturally Competent Practice: A Framework for Understanding Diverse Groups and Justice Issues (4th Ed.)*, Brooks/Cole Cengage Learning.

Lum, D. (2011b) *Instructor's Manual and Test Bank for 'Culturally Competent Practice: A Framework for Understanding Diverse Groups and Social and Economic Justice Issues (4th Ed.)'*, Brooks/Cole Cengage Learning.

Lum, D. (2011c) *PowerPoint Slides for 'Culturally Competent Practice: A Framework for Understanding Diverse Groups and Social and Economic Justice Issues (4th Ed.)'*, Brooks/Cole Cen-

第5章　文化的な力量を促す教育プログラムの作成

gage Learning.

Lum, D. (2011d) *Outlines and Highlights for 'Culturally Competent Practice: A Framework for Understanding Diverse Groups and Social and Economic Justice Issues (4th Ed.)'*, Content Technologies.

森田　ゆり（2000）『多様性トレーニング・ガイド―人権啓発参加型学習の理論と実践』解放出版.

森田　ゆり（2009）『ダイバーシティ・トレーニング・ブック―多様性研修のてびき』解放出版.

日本社会福祉士会（2009）『滞日外国人支援の手引き』日本社会福祉士会.

Peace Corps (1997a) *Culture Matters: The Peace Corps Cross-Cultural Workbook*, Peace Corps.

Peace Corps (1997b) *Culture Matters: Trainer's Guide*, Peace Corps.

Peace Corps (1998) *Looking at Ourselves and Others*, Peace Corps.

Peace Corps (2005) *Diversity Training Modules for Pre-Service Training*, Peace Corps.

Peace Corps (2007) *Building Bridges: A Peace Corps Classroom Guide to Cross-Cultural Understanding*, Peace Corps.

Thompson, N. (2009) *Promoting Equality, Valuing Diversity: A Learning and Development Manual*, Russell House.

Van Soest, D., Garcia B. eds. (2008) *Diversity Education for Social Justice: Mastering Teaching Skills (2nd Ed.)*, Council on Social Work Education

WUSTL (2008) *Self Awareness for Culturally Competent Social Work Practice (Training Manual)*, George Warren Brown School of Social Work, Washington University in St. Louis.

第Ⅱ部　文化的な力量に関する実証的な教育実験の準備

第Ⅲ部
文化的な力量に関する実証的な教育実験による介入研究

第Ⅲ部では，文化的な力量向上を目指す教育実験を実施した。第6章では，教育介入によるプログラム効果を量的分析で確認した。第7章では，教育介入によるプログラム効果を質的分析で確認した。

第6章 文化的な力量に関する教育実験の量的分析

本章の要旨

本章では，第5章で作成した教育プログラムの効果を量的研究で確認することを目的とした。そのために，実験研究を行い，第4章で作成した日本語版の文化的な力量の自己アセスメント・テストの活用により学習効果を測った。実験デザインは，介入群と統制群を設定し，PPTC（pre-post-then-covered，介入前・介入後・当時・網羅度）評価と追跡調査を行った。教育介入後に，文化的な力量の3領域（認識，知識，技術）及び全体的な力量の向上が有意に認められ，学習効果を確かめることができた。網羅度評価では，文化的な力量全体と各領域のプログラムにおける取り扱いについても，同等に高い評価が参加者より得られた。しかし，追跡測定でみた持続効果は期待を下回った。なお，実験参加者が少数であったため，今後より大規模の調査研究を行う必要がある。

1 本章の概要

本章では，以下の目的，研究枠組みと方法等に沿って研究を進めた。

1 本章の目的

研究全体の総合目的は「日本における文化的に多様な人々に対応できる能力，即ち文化的力量（cultural competence）をもつソーシャルワーク専門職の効果的な教育プログラムの構築」である。それに向けて，本章では前章で作成した日本の教育プログラムの効果を量的研究によって確かめることを目的とした。

第Ⅲ部　文化的な力量に関する実証的な教育実験による介入研究

2 | 本章の研究枠組みと方法

プログラム効果を検証するために，教育実験において，教育プログラムを試験的に実施し，第4章で作成した文化的な力量の自己アセスメント・テストの日本語版（巻末の付録4-1）によって介入による力量向上の測定を行った。実験デザイン等の実験概要は結果の該当項で示している。

実験型介入研究手法については，医学分野ではあるが，カッツによるテキストを主に参照した（Katz 2010）。また，対人援助分野の比較試験法の専門書であるトーガーソンらの著書も活用した（Torgerson他 2008）。そして，より幅広い研究方法のテキストとして，先述したルビンらによるものが参考になった（Rubin他 2011）。なお，プログラム評価に関しては，ロッシーら著の主要な一冊を使用した（Rossi他 2004）。

分析に使った統計ソフトウェアはマイクロソフト社のエクセルであった。

3 | 本章における倫理的配慮

実験型介入研究については，日本社会事業大学社会事業研究所の研究倫理委員会の倫理審査を申請し，2012年12月18日に「承認」判定を受けた（審査ID：12-0903）。具体的な手順は結果の該当項において示されている。

2 | 本章の結果

本節では，実験の概要を紹介してから，その結果についてまとめた。

第6章　文化的な力量に関する教育実験の量的分析

1 │本教育実験の概要

　実験研究の対象者は，関東圏にあるＡ大学の社会福祉系学部生３・４年生とした。研究協力者の募集は，Ａ大学内で，ポスター掲示やチラシ配布を通して行った。受け付けにあたり，研究の概要とプログラム内容の説明を踏まえ，倫理的な配慮についても明らかにした上で，同意を得た。なお，協力者には，実際の拘束時間に見合った謝礼を支払った。

　集まった学生を希望に沿って介入群（プログラム参加者）と統制群（プログラム非参加者）に分け，日本語の自己アセスメント・テストによる文化的な力量のPPTC（pre-post-then-covered）評価に加え，卒業後の追跡測定を実施した。全部で以下の５種類の測定を行った。

①介入前テスト（pretest）：各力量要素のレベルを教育介入の直前に自己評価

②介入後テスト（posttest）：各力量要素のレベルを教育介入の直後に自己評価

③当時テスト[76]（then test）：教育介入の直後の時点で，即ち求められている力量内容を実際に知った上で，教育介入の直前（当時）の各力量要素のレベルを振り返って再び自己評価

④網羅度テスト（covered test）：プログラムにおいて各力量要素が扱われたレベル（網羅度）を教育介入の直後に評価

⑤追跡テスト（follow-up test）：各力量要素のレベルを卒業及び就職や進学の約１年後に自己評価

　上記の内，③が必要であった理由として，第３章の尺度検討調査の考察でもみられた文化的な力量，特に認識領域の内容及びテストの表現に対する馴

---

76) 回顧的テスト（retrospective test）とも呼ばれている。

第Ⅲ部　文化的な力量に関する実証的な教育実験による介入研究

表6-1　教育プログラムによる介入研究の実験デザイン

	介入前測定	介入＊	介入後測定	回顧的測定	プログラムの評価	卒業＊＊	追跡測定＊＊＊
介入群（7人）	●	●	●	●	●	●	●
統制群（7人）	○	×	×	×	×	○	○

＊　プログラム参加の有無（協力者と日程調整の結果，2013年3月に2日間）。
＊＊　就職，進学を含む（2014年度末）。
＊＊＊　2014年度末。

染みのなさを取り上げることができる。また，調査票は全て同じもの（巻末の付録4-1）がベースとなったが，介入直後に測定タイプが多かった（介入後・当時・網羅の3種類）ため，巻末の付録6-1の記入シートも併せて使用した。なお，先述をまとめた具体的な実験デザインを表6-1が示している。

　なお，実験プログラムの講師を筆者が務めており，参加者からみて明らかに「文化的に多様な人」の当事者性が強く，後述の実験結果において明記すべき変数となった。

2 本教育実験の成果に対する量的分析の結果

　教育介入と追跡調査のそれぞれの時点における両群の属性について表6-2と表6-3で示している。両群とも日本語を母語とする日本人としての民族的アイデンティティをもつ女性7人から成り立っている。そして，追跡時の資格取得及び進路状況もほぼ同じである。

第6章　文化的な力量に関する教育実験の量的分析

表6-2　両群の背景情報（介入時）

属性領域及び項目	介入群（人）	統制群（人）
年齢		
20代	6	7
30代	1	－
性別		
女性	7	7
民族的アイデンティティ		
日本人	7	7
母語		
日本語	7	7
海外在住経験（1ヶ月以上）		
あり	2	－
なし	5	7
留学生		
非該当	7	7
多文化ソーシャルワークの学習経験		
あり	1	－
なし	6	7
多文化ソーシャルワークへの関心		
あり	7	4
なし	－	3

　次に，各測定における文化的な力量の力量レベルについて，表6-4から表6-7までまとめている。

　介入前の両群における文化的な力量の合計平均得点は2.41点（統制群）と2.23点（介入群）となった（力量領域及び力量要素別の平均得点は表6-4を参照）。

　教育介入の直後に測った介入群による介入前を振り返る回顧的及び介入後の合計平均得点はそれぞれ1.99点と3.21点となった（力量領域及び力量要素別の平均得点は表6-5を参照）。

　追跡時の両群における合計平均得点は2.45点（統制群）と2.63点（介入群）となった（力量領域及び力量要素別の平均得点は表6-6を参照）。

　そして，介入群が介入直後に評価したプログラムにおける文化的な力量の

第Ⅲ部　文化的な力量に関する実証的な教育実験による介入研究

表6-3 両群の背景情報（追跡時）

属性領域及び項目	介入群（人）	統制群（人）
ソーシャルワークの資格取得		
あり	4	4
なし	3	3
進路		
ソーシャルワーク的実践	6	4
進学	1	2
NA	–	1
新たな海外在住経験（1ヶ月以上）		
あり	1	–
なし	6	7
新たな多文化ソーシャルワークの学習経験		
あり	1	–
なし	6	7
新たな多文化ソーシャルワークへの関心		
あり	6	4
なし	1	3

網羅度の合計平均得点は3.17点となった（力量領域及び力量要素別の平均得点は表6-7を参照）。

表6-4　両群による介入前の文化的な力量の平均得点（$N_1 = 7$，$N_2 = 7$）

力量領域及び要素	統制群		介入群	
	平均	標準偏差	平均	標準偏差
文化的力量合計	2.41	0.25	2.23	0.46
文化的認識	2.75	0.38	3.04	0.30
要素 1	3.29	0.49	3.71	0.49
要素 2	2.29	0.49	2.71	0.49
要素 3	2.71	0.49	3.00	0.00
要素 4	2.71	0.49	2.71	0.49
知識習得	2.37	0.27	2.29	0.58
要素 5	2.71	0.49	2.86	0.38
要素 6	1.86	0.69	1.57	0.79
要素 7	2.29	0.49	2.00	0.82
要素 8	2.43	0.53	2.43	0.79
要素 9	2.57	0.53	2.57	0.98
技術向上	2.33	0.38	2.00	0.52
要素10	2.29	0.49	1.71	0.76
要素11	1.86	0.38	1.29	0.49
要素12	2.71	0.49	1.71	1.11
要素13	2.43	0.53	1.86	1.07
要素14	2.57	0.79	3.00	0.58
要素15	2.43	0.53	1.86	0.69
要素16	3.14	0.38	3.00	0.82
要素17	1.86	0.69	2.14	0.90
要素18	2.43	0.53	2.14	0.90
要素19	2.43	0.79	2.14	0.69
要素20	2.43	0.79	2.57	0.79
要素21	2.43	0.98	1.86	0.69
要素22	2.29	0.76	1.71	0.95
要素23	1.86	0.38	1.29	0.49
要素24	1.86	0.69	1.71	0.76

第Ⅲ部　文化的な力量に関する実証的な教育実験による介入研究

表6-5　介入群による介入後と回顧的な文化的な力量の平均得点
（N＝7）

力量領域及び要素	介入後		回顧的	
	平均	標準偏差	平均	標準偏差
文化的力量合計	3.21	0.38	1.99	0.36
文化的認識	3.54	0.34	2.46	0.60
要素 1	3.86	0.38	2.71	0.95
要素 2	3.14	0.69	2.29	0.76
要素 3	3.71	0.49	2.43	1.13
要素 4	3.43	0.53	2.43	0.53
知識習得	3.17	0.39	1.86	0.43
要素 5	3.43	0.53	1.86	0.69
要素 6	2.86	0.90	1.43	0.79
要素 7	2.86	0.90	1.71	0.76
要素 8	3.00	0.00	2.14	0.69
要素 9	3.71	0.49	2.14	0.90
技術向上	3.13	0.45	1.90	0.38
要素10	3.14	0.38	1.71	0.49
要素11	2.71	0.76	1.57	0.79
要素12	3.29	0.76	2.00	0.82
要素13	2.86	0.69	1.86	0.69
要素14	3.29	0.49	2.71	0.49
要素15	2.86	0.69	1.86	0.90
要素16	3.57	0.53	2.43	0.98
要素17	3.43	0.79	2.14	0.69
要素18	3.43	0.53	1.86	0.69
要素19	3.00	0.82	2.00	0.82
要素20	3.14	0.90	2.14	0.69
要素21	3.14	0.69	1.57	0.53
要素22	2.86	0.38	1.71	0.76
要素23	2.86	0.69	1.29	0.49
要素24	3.43	0.53	1.71	0.49

表6-6　両群による追跡調査の文化的な力量の平均得点（$N_1 = 7$，$N_2 = 7$）

力量領域及び要素	統制群		介入群	
	平均	標準偏差	平均	標準偏差
文化的力量合計	2.45	0.23	2.63	0.52
文化的認識	2.79	0.44	3.21	0.22
要素 1	3.00	0.82	3.57	0.53
要素 2	2.43	0.98	3.43	0.79
要素 3	2.86	1.07	3.29	0.49
要素 4	2.86	0.38	2.57	0.79
知識習得	2.46	0.28	2.80	0.62
要素 5	3.00	0.00	3.14	0.90
要素 6	2.00	0.58	2.57	0.79
要素 7	2.14	0.38	2.71	0.49
要素 8	2.57	0.53	2.71	0.95
要素 9	2.57	0.53	2.86	0.69
技術向上	2.36	0.35	2.42	0.63
要素10	2.14	0.69	2.29	0.76
要素11	2.00	0.82	2.29	0.95
要素12	2.71	0.76	2.86	0.69
要素13	2.14	0.69	2.43	1.27
要素14	2.57	0.53	3.29	0.49
要素15	2.14	0.38	2.43	0.53
要素16	2.86	0.38	2.43	0.79
要素17	2.57	0.53	2.00	0.82
要素18	2.43	0.53	2.71	0.95
要素19	2.43	0.53	2.43	0.53
要素20	2.43	0.53	2.57	0.53
要素21	2.43	0.53	2.00	0.82
要素22	2.43	0.53	2.43	0.98
要素23	2.14	0.69	1.86	0.69
要素24	2.00	0.58	2.29	0.76

第Ⅲ部　文化的な力量に関する実証的な教育実験による介入研究

表6-7 介入群によるプログラムの文化的
な力量の網羅度評価の平均得点
（N＝7）

力量領域及び要素	網羅度	
	平均	標準偏差
文化的力量合計	3.17	0.40
文化的認識	3.43	0.47
要素 1	3.57	0.53
要素 2	3.14	0.69
要素 3	3.86	0.38
要素 4	3.14	0.90
知識習得	3.31	0.28
要素 5	3.57	0.53
要素 6	2.86	0.38
要素 7	3.00	0.58
要素 8	3.29	0.49
要素 9	3.86	0.38
技術向上	3.06	0.48
要素10	3.00	0.58
要素11	2.86	1.07
要素12	3.14	0.69
要素13	2.71	0.49
要素14	2.86	0.90
要素15	3.29	0.76
要素16	3.43	0.53
要素17	3.29	0.76
要素18	3.29	0.76
要素19	2.86	0.69
要素20	3.14	1.07
要素21	3.14	0.69
要素22	2.57	0.79
要素23	3.00	0.82
要素24	3.29	0.76

第6章 文化的な力量に関する教育実験の量的分析

表6-8 両群の介入前における合計及び領域別平均得点の比較 (N₁＝7, N₂＝7)

力量領域	統制群		介入群		t検定		差
	平均	標準偏差	平均	標準偏差	t値	p値	
文化的力量	2.41	0.25	2.23	0.46	−0.90	0.19	−0.18
認識	2.75	0.38	3.04	0.30	1.55	0.15	+0.29
知識	2.37	0.27	2.29	0.58	−0.36	0.36	−0.08
技術	2.33	0.38	2.00	0.52	−1.37	0.10	−0.33

表6-9 介入群の介入前後における合計及び領域別平均得点の比較 (N＝7)

力量領域	介入前		介入後		t検定		差
	平均	標準偏差	平均	標準偏差	t値	p値	
文化的力量	2.23	0.46	3.21	0.38	−4.53	0.00	+0.98
認識	3.04	0.30	3.54	0.34	−2.54	0.02	+0.50
知識	2.29	0.58	3.17	0.39	−3.39	0.01	+0.88
技術	2.00	0.52	3.13	0.45	−4.92	0.00	+1.13

表6-10 介入群の介入前と回顧的な合計及び領域別平均得点の比較 (N＝7)

力量領域	介入前		回顧的		t検定		差
	平均	標準偏差	平均	標準偏差	t値	p値	
文化的力量	2.23	0.46	1.99	0.36	2.94	0.01	−0.24
認識	3.04	0.30	2.46	0.60	3.20	0.01	−0.58
知識	2.29	0.58	1.86	0.43	5.30	0.00	−0.43
技術	2.00	0.52	1.90	0.38	0.79	0.23	−0.10

表6-11 介入群の回顧的と介入後の合計及び領域別平均得点の比較 (N＝7)

力量領域	回顧的		介入後		t検定		差
	平均	標準偏差	平均	標準偏差	t値	p値	
文化的力量	1.99	0.36	3.21	0.38	7.11	0.00	+1.22
認識	2.46	0.60	3.54	0.34	4.54	0.00	+1.08
知識	1.86	0.43	3.17	0.39	7.13	0.00	+1.31
技術	1.90	0.38	3.13	0.45	7.04	0.00	+1.23

第Ⅲ部　文化的な力量に関する実証的な教育実験による介入研究

表6-12　両群の追跡時点における合計及び領域別平均得点の比較（$N_1 = 7$，$N_2 = 7$）

力量領域	統制群		介入群		t 検定		差
	平均	標準偏差	平均	標準偏差	t 値	p 値	
文化的力量	2.45	0.23	2.63	0.52	0.84	0.21	+0.18
認識	2.79	0.44	3.21	0.22	2.28	0.02	+0.42
知識	2.46	0.28	2.80	0.62	1.33	0.10	+0.34
技術	2.36	0.35	2.42	0.63	0.21	0.42	+0.06

表6-13　介入群の介入前と追跡の合計及び領域別平均得点の比較（$N = 7$）

力量領域	介入前		追跡		t 検定		差
	平均	標準偏差	平均	標準偏差	t 値	p 値	
文化的力量	2.23	0.46	2.63	0.52	−2.04	0.04	+0.40
認識	3.04	0.30	3.21	0.22	−1.18	0.14	+0.17
知識	2.29	0.58	2.80	0.62	−3.42	0.01	+0.51
技術	2.00	0.52	2.42	0.63	−1.70	0.07	+0.42

表6-14　介入群の介入後と追跡の合計及び領域別平均得点の比較（$N = 7$）

力量領域	介入後		追跡		t 検定		差
	平均	標準偏差	平均	標準偏差	t 値	p 値	
文化的力量	3.21	0.38	2.63	0.52	3.35	0.01	−0.58
認識	3.54	0.34	3.21	0.22	2.46	0.02	−0.33
知識	3.17	0.39	2.80	0.62	1.63	0.08	−0.37
技術	3.13	0.45	2.42	0.63	3.86	0.00	−0.71

表6-15　介入群の回顧的と追跡の合計及び領域別平均得点の比較（$N = 7$）

力量領域	回顧的		追跡		t 検定		差
	平均	標準偏差	平均	標準偏差	t 値	p 値	
文化的力量	1.99	0.36	2.63	0.52	−4.65	0.00	+0.64
認識	2.46	0.60	3.21	0.22	−3.44	0.01	+0.75
知識	1.86	0.43	2.80	0.62	−7.78	0.00	+0.94
技術	1.90	0.38	2.42	0.63	−3.29	0.01	+0.52

第6章　文化的な力量に関する教育実験の量的分析

表6-16 介入群の介入後とプログラムの網羅度評価の合計及び領域別平均得点の比較（N＝7）

力量領域	介入後		網羅度		t検定		差
	平均	標準偏差	平均	標準偏差	t値	p値	
文化的力量	3.21	0.38	3.17	0.40	0.68	0.26	−0.04
認識	3.54	0.34	3.43	0.47	1.00	0.18	−0.11
知識	3.17	0.39	3.31	0.28	−1.37	0.11	＋0.14
技術	3.13	0.45	3.06	0.48	1.08	0.16	−0.07

また，本章の目的である学習効果については，表6-8から表6-16まで文化的な力量の領域別に各測定における得点の比較を行った。なお，平均の差をみるために，片側の t 検定[77]（両群の間では対応，介入群の異なる測定の間では非対応）を実施した。各表における p 値の下線は有意差，つまりp＜0.05を意味している。

介入前の時点で，統制群と介入群の間に有意差がなかった（表6-8）。

介入群は，文化的な力量全体（＋0.98点）と認識（＋0.50点）・知識（＋0.88点）・技術（＋1.13点）の3領域とも介入前後で平均得点の有意差を示した（表6-9）。

介入群の介入前平均得点と介入後に介入前を振り返った回顧的な平均得点は，力量全体（−0.24点）と認識（−0.58点）及び知識（−0.43点）領域において有意差が認められた（表6-10）。

介入群による回顧的な平均得点と介入後平均得点を比べた結果，力量全体（＋1.22点）及び認識（＋1.08点）・知識（＋1.31点）・技術（＋1.23点）の全領域において有意差が確認された（表6-11）。

追跡調査時に，両群の間に文化的な認識（＋0.42点）領域のみ平均得点の有意差があった（表6-12）。

介入群による介入前平均得点と追跡の平均得点の比較では，文化的な力量

---

[77] カリフォルニア州立大学において英語版テストで使われた検定と同じ（Lum 2011：501）。

第Ⅲ部　文化的な力量に関する実証的な教育実験による介入研究

全体（＋0.40点）と知識（＋0.51点）及び技術（＋0.42点）領域の有意差があった（表6-13）。

同じく介入群による介入後平均得点と追跡の平均得点の間に，力量全体（－0.58点），そして認識（－0.33点）と技術（－0.71点）の2領域の有意差が見つかった（表6-14）。

また，介入群の回顧的及び追跡の平均得点は，力量全体（＋0.64点）と認識（＋0.75点）・知識（＋0.94点）・技術（＋0.52点）領域とも有意差が確認された（表6-15）。

最後に，介入群の介入後平均得点と参加者が終了後にプログラムを評価した網羅度平均得点の間に有意差が認められなかった（表6-16）。

文化的な力量全体及び領域別の平均得点の変化に関するこれらの結果を図6-1から図6-4までグラフでまとめている。

図6-1　文化的な力量全体の平均得点の変化

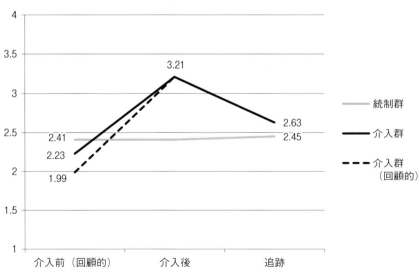

第6章　文化的な力量に関する教育実験の量的分析

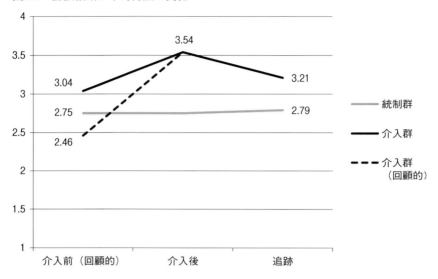

図6-2 認識領域の平均得点の変化

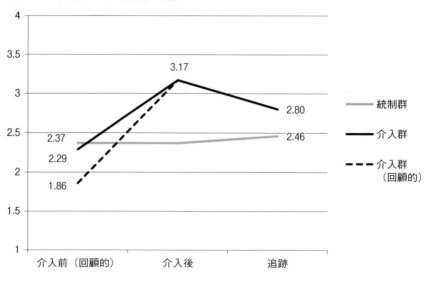

図6-3 知識領域の平均得点の変化

図6-4 技術領域の平均得点の変化

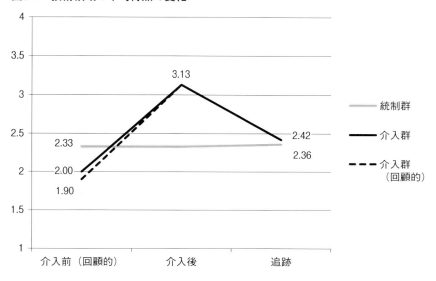

3　本章の考察

　本章の目的は教育プログラムによる学習効果を確認することであり、そのために上記結果に対して以下のように考察する。

　介入群と統制群の間には、背景情報（表6-2と表6-3）から介入及び追跡の時期においても大きな質的な差がなかったと判断できる。また、文化的な力量に関しては、介入前に平均得点の有意差がみられなかった（表6-8）。つまり、文化の多様性の観点からみて同質の構成であったが、介入群に関していえば、これは安心して参加できる学習環境の面で必要不可欠な点だった。なぜならば、文化的に多様な当事者（中国か韓国の留学生など）がグループに入ると、例えばカッツ（2003）も指摘しているように、偏見や差別意識について率直に言語化し、ディスカッションすること、またそれによって認識を深めることができないからである。

介入群は介入後に文化的な力量全体及び認識・知識・技術とも向上が有意にみられ，学習効果を確かめることができた（表6-9）。力量全体の平均得点は＋0.98点向上し，領域の変化は大きい順で，技術（＋1.13点），知識（＋0.88点），認識（＋0.50点）となった。

　しかし，予想通り，回顧的な得点，つまりプログラム内容を知った上で求められている力量の理解が深まって振り返った介入前の力量は，実際に測った時点での介入前のレベルを下回った（表6-10）。要するに，「自分は思ったほど力量がなかった」ということを示すデータである。具体的に，力量全体の平均得点は有意に－0.24点，認識領域は有意に－0.58点，知識領域は有意に－0.43点ほど違った。技術領域の差（－0.10点）が最も小さく，かつ有意ではなかった。その背景として，教育プログラムの技術編の内容は相談援助技術論の授業で既に学んでいる内容と重複する部分があり，講義を受けてみてそれに気づいたことを取り上げることができる。また，前章で述べたように，理想と異なり，技術編はロールプレイや事例検討などの参加型学習法を活用して時間をかけて丁寧に教える余裕がなかったことも指摘できる。

　従って，実情により近いと思われる介入前の数字を示す回顧的な平均得点と介入後のデータを比較すると，より大きな学習効果を確認できた（表6-11）。これによると，文化的な力量全体の平均得点は＋1.22点上がった。そして，各領域の上昇は順番に知識が＋1.31点，技術が＋1.23点，認識が＋1.08点となった。

　ただし，学習効果は追跡調査まで十分に持続できなかったようである。統制群と比べた結果，力量全体及び全ての領域の平均得点は介入群の方が高かったが，有意差が認められたのは認識（＋0.42点）のみであった（表6-12）。具体的に，介入後の平均得点と比べると，力量全体は－0.58点，認識領域は－0.33点，技術領域は－0.71点有意に低下している（表6-14）。

　それでも，介入群自らの介入前データより，力量全体（＋0.40点），そして知識（＋0.51点）及び技術（＋0.42点）領域は追跡時も高い平均得点を示した（表6-13）。また，回顧的な平均得点と比較すれば，文化的な力量全体（＋

第Ⅲ部　文化的な力量に関する実証的な教育実験による介入研究

0.64点）のみでなく，各領域も効果が継続している（表6-15）。順に，知識は＋0.94点，認識は＋0.75点，技術は＋0.52点の持続的な学習効果を示した。

最後に，参加者によるプログラムの評価では，介入群の介入後得点と文化的な力量全体及び各領域のプログラム内容における網羅度の間に有意差がなく，習得した力量とプログラム中に教えた力量は同レベルであると確かめられた（表6-16）。

なお，追跡時に，自由記述の中において，プログラムで習ったことが異文化間等のソーシャルワーク実践場面で必要となり，実際に役立ったと報告したのは，介入群7人中5人であった。

プログラムによる上記の学習効果を図6-1から図6-4まで視覚的にも確認できた。

4 本章の結論：文化的な力量を促す教育効果を量的に検証

本章では，教育介入による実験デザインに基づいたパイロット的な研究を通じて，前章で作成した教育プログラムの学習効果，即ち参加者の文化的な力量向上を量的分析により確認できた。ただし，持続効果については十分な結果が得られなかった。また，実験協力者の人数が少なく，将来的に更に規模の大きな調査研究が求められていると考えられる。

本章の引用文献（ABC順）

Katz, J. H., (2003) *White Awareness: Handbook for Anti-Racism Training (2ⁿᵈ Ed.)*, Oklahoma.

Katz, M. H. (2010) *Evaluating Clinical and Public Health Interventions: A Practical Guide to Study Design and Statistics,*

第6章　文化的な力量に関する教育実験の量的分析

Cambridge.（＝2013，木原　雅子・木原　政博訳『医学的介入の研究デザインと統計―ランダム化／非ランダム化研究からの傾向スコア，操作変数法まで』メディカル・サイエンス・インターナショナル.）

Lum, D. (2011) *Culturally Competent Practice: A Framework for Understanding Diverse Groups and Justice Issues (4th Ed.)*, Brooks/Cole Cengage Learning.

Rossi, P.H., Lipsey, M. W., Freeman, H. E. (2004) *Evaluation: A Systematic Approach (7th Ed.)*, Sage.（＝2005，大嶋　巌・平岡公一・森　俊夫・元永　拓郎監訳『プログラム評価の理論と方法―システマティックな対人サービス・政策評価の実践ガイド』日本評論社.）

Rubin, A., Babbie, E. (2011) *Research Methods for Social Work (7th Ed., International Ed.)*, Brooks/Cole Cengage Learning.

Torgerson, D. J., Torgerson, C. J. (2008) *Designing Randomised Trials in Health, Education and the Social Sciences: An Introduction, Palgrave Macmillan.*（＝2010，原田　隆之・大嶋　巌・津富　宏・上別府　圭子監訳『ランダム化比較試験（RCT）の設計―ヒューマンサービス，社会科学領域における活用のために』日本評論社.）

第7章 文化的な力量に関する教育実験の質的分析

本章の要旨

本章では，第5章で作成した教育プログラムの効果を質的研究で確認することを目的とした。そのために，第6章で概要を述べた実験研究における介入後に参加者が詳細なリアクション・ペーパーを記入した。ラベル化・カテゴリー化・サブカテゴリー化の手順に従って，記述内容の質的データ分析を実施した。その結果，できた213ラベルを，研究目的に沿って5カテゴリー，42サブカテゴリーに分類した。プログラムが参加者に及ぼす効果に関して，学習効果・意識変容・行動意欲の3種類の効果が全員について確認された。プログラムに対する評価に関して，否定的なものがなく，意識変容の機会提供とともに参加型学習形式や参加しやすい学習環境などの認識編を中心に参加者の大多数による肯定的な評価が確かめられた。また，短い時間に対して多い内容のバランスなどの課題に関する少数の建設的な指摘を得ることができた。

1 本章の概要

本章では，以下の目的，研究枠組みと方法等に沿って研究を進めた。

1 本章の目的

研究全体の総合目的は「日本における文化的に多様な人々に対応できる能力，即ち文化的力量（cultural competence）をもつソーシャルワーク専門職の効果的な教育プログラムの構築」である。それに向けて，本章では前々章で作成した日本の教育プログラムの効果を質的研究によって確かめること

を目的とした。

2 本章の研究枠組みと方法

プログラム効果を検証するために，教育実験において，教育プログラムを試験的に実施し，参加者は終了後に詳細なリアクション・ペーパーを記入した。質問項目等の研究概要は結果の該当項で示している。

質的な研究手法については，オックスフォード大学のソーシャルワーク研究方法シリーズにおいて質的分析についてまとめているオクテーのテキストを主に参照した（Oktay 2012）。また，より幅広い研究方法の専門書として，先述したルビンらによるものが参考になった（Rubin他 2011）。そして，プログラム評価的な手法に関しては，ロッシーらの主要な著書を活用した（Rossi他 2004）。

3 本章における倫理的配慮

実験型介入研究と質的データの収集については，日本社会事業大学社会事業研究所の研究倫理委員会の倫理審査を申請し，2012年12月18日に「承認」判定を受けた（審査ID：12-0903）。具体的な手順は前章の結果の該当項において示されている。

2 本章の結果

本節では，分析の概要を紹介してから，その結果についてまとめた。

第Ⅲ部　文化的な力量に関する実証的な教育実験による介入研究

1 本教育実験の成果に対する質的分析の概要

　教育実験の参加者（介入群のみ）より次の質問項目によるリアクション・ペーパーを通して書面で質的なデータを集めた。

1　本研修では何を学びましたか。気づいたことがありますか。

2　研修はどうでしたか。自由に感想を述べて下さい。

3　自分について気づいたことがありますか。自分が変わったことがありますか。

4　自分の文化的な対応能力[78]を高めるために，これから取り組みたいことがありますか。具体的に何ですか。

5　その他，自由に記入して下さい。

　これらの質問設定と分析の目的（知りたいこと）を以下のように設定した。

・第一種のプログラム効果（学習効果）：参加者がプログラムを通して学んだ中で最も印象に残り，よく覚えている内容（カテゴリー1）

・第二種のプログラム効果（意識変容）：参加者の文化的な認識（自己認識及び他者認識等）の変化（カテゴリー2）

・第二種のプログラム効果（行動意欲）：参加者が文化的な力量の向上に向けて今後取り組みたくなったこと（カテゴリー3）

・プログラムの評価：参加者によるプログラムに対する満足度と指摘（カテゴリー4）

・その他：上記以外で着目すべき記入内容（カテゴリー5）

　分析は，次の手順に従った。

①記入内容（全文）から着目する表現を各文から抽出

78）文化的な力量をより日常的に記述する表現。

②着目の表現を語句に分解

③文法，文脈，質問，プログラム内容などを考慮した語句の言い換え（ラベル化）[79]

④ラベルを上述の調査目的に沿って分類（1-5までカテゴリー化）[80]

⑤各カテゴリー内で細分化（サブカテゴリーの作成）

2 本教育実験の成果に対する質的分析の結果

ここでは，ラベル化とカテゴリー化の結果をまとめた。7人の参加者の記入内容から，合計213ラベルが抽出された（記述内容に含まれている述語と同数）。参加者別の分布を表7-1で，また全ラベルとその分類を表7-2で示している。

表7-1　参加者別のラベル

ID	ラベル	
	数	割合（%）
I1	43	20.19
I2	28	13.15
I3	22	10.33
I4	19	8.92
I5	27	12.68
I6	42	19.72
I7	32	15.02
合計	213	100.00

表7-2　全ラベルの分類

整理番号：カテゴリー ラベル数（割合） サブカテゴリー数(割合) 人数（割合）ID	整理番号：サブカテゴリー ラベル数（全数割合/ カテゴリー内割合） 人数（割合）ID	整理番号：ラベル
1：学習効果 44（20.66） 8（19.05） 7（100.00）全員	1-1：日本における文化的に多様な人々に関する知識 10（4.69／22.73） 5（71.43）I3, I4, I5, I6, I7	I6-01：文化的に多様な人々について学んだ I3-05：日本における多様な立場の人々の存在を知った

---

79) イン・ビボ（in vivo）コーディングに近い，記入者の言葉をなるべくそのまま活かすため，前後の文脈から述語の追加などの微修正のみ。述語を複数含む文から複数のラベルを作成した。つまり，ラベルの数は述語の数と同等になっている。

80) 原則，述語によって判断した。

第Ⅲ部　文化的な力量に関する実証的な教育実験による介入研究

		I7-01：日本の中でも，様々な文化をもっている人がいることを知った
		I7-02：日本の中でも，様々な価値観をもっている人がいることを知った
		I4-03：日本人，というくくりで考えるとき，他の国をルーツにもつ人が少なくないことを知った
		I5-05：外国籍住民が歴史的にどういう存在としてきたかを初めて学んだ
		I3-06：日本における多様な立場の人々の抑圧の歴史を知った
		I3-07：国籍やビザの種類等から貧困や世代間連鎖，DVの根深い社会問題がこんなにあると理解した
		I5-06：外国籍住民の社会保障制度の利用などについて学んだ
		I7-03：SWを必要としている人の多くは，マイノリティを感じている場合があることを学んだ
	1-2：日本における文化的に多様な人々への支援の現状 4（1.88／9.09） 2（28.57）I1, I5	I1-14：外国の方への支援が不足しているという実情を知った
		I5-03：今では非専門家たちが多文化ソーシャルワークを実践している現状があると学んだ
		I1-11：多くの地域で通訳者がいないという事実を学んだ
		I1-13：自治体によっては，子どもを通訳者にすることもあると知った
	1-3：文化的に多様なクライエントへの支援方法 10（4.69／22.73） 3（42.86）I1, I2, I5	I5-01：SW実践における多文化・多様な人々に対するアプローチ方法を学んだ
		I5-08：関係構築において帰属コミュニティの理解が重要であることを学んだ
		I1-25：外国の方を具体的にどのようにアセスメントして良いのか分かった
		I2-01：「内在化された差別」があることにより「事実に基づかないアセスメント」をしてしまうということを学んだ
		I1-27：外国の方への支援においてスピリ

		チュアルな側面に着目した支援方法といった点に配慮していく必要性があることが分かった
		I1-26：外国の方を具体的にどのように支援して良いのか分かった
		I1-21：そのクライエントの文化を理解しないことにはその人を受容していないということであると分かった
		I2-03：ソーシャルワークでは，文化のハード面よりソフト面に着目する必要性を学んだ
		I1-28：外国の方への支援において通訳者の設置といった点に配慮していく必要性があるということが分かった
		I1-22：ライフヒストリーの技法（ワーカーが援助者の生きてきた背景を知る）は文化を越えて適用されるべき技術だということが分かった
	1-4：スピリチュアル・アセスメント 5　（2.35／11.36） 1　（14.29）I1	I1-17：スピリチュアルなアセスメントについて学んだ
		I1-18：スピリチュアルなアセスメントというフレーズが分かった
		I1-20：スピリチュアルなアセスメントにおいてそのクライエントの信仰する宗教を通じて関わりをもっていくと分かった
		I1-19：スピリチュアルなアセスメントにおいてそのクライエントの信仰する宗教を通じて支援していくと分かった
		I1-23：「スピリチュアルなアセスメントの重要性」について理解できた
	1-5：クリティカル・シンキング 6　（2.82／13.64） 2　（28.57）I1，I5	I5-07：クリティカル・シンキングについて学んだ
		I1-01：クリティカル・シンキングについて学んだ
		I1-05：クリティカル・シンキングは勉強になった
		I1-03：クリティカル・シンキングの意味について知った
		I1-02：クリティカル・シンキングによる

		理論評価における歴史の検討について学んだ
		I1-04：クリティカル・シンキングのソーシャルワーク理論への適用方法について知った
	1-6：印象に残った文化の比喩モデル 4　（1.88／9.09） 2　（28.57）I2, I6	I2-04：文化の「氷山」比喩モデルが印象に残った
		I6-13：文化の「氷山」比喩モデルが印象に残った
		I6-32：文化の「色眼鏡」比喩モデルが印象に残った
		I2-22：文化の「フィルター」比喩モデルが印象に残った
	1-7：印象に残ったワーク 3　（1.41／6.82） 2　（28.57）I2, I5	I2-12：2日間通して1日目のグループディスカッションが一番強く印象に残った
		I2-18：ワーク「私の名前」が印象に残った
		I5-14：ワーク「レッテル貼り」が印象に残った
	1-8：より広い学習 2　（0.94／4.55） 2　（28.57）I2, I6	I2-07：歴史をさかのぼった
		I6-02：価値意識について学んだ
2：意識変容 57（26.76） 8　（19.05） 7（100.00）全員	2-1：文化的な自己認識の向上 21（9.86／36.84） 5　（71.43）I2, I3, I4, I5, I7	I7-22：自分の文化に気づいた
		I2-20：自分にも「文化」が存在していることを改めて感じた
		I5-21：自分がどういう文化に生きているのか自覚的になれた
		I3-03：自分が属している文化についてきちんと向き合った
		I3-02：自分が属している文化について意識した
		I7-17：自分自身の文化を振り返った
		I7-19：初めて自分自身の文化について考えた
		I7-21：自分が思っていた以上に宗教が私の文化に根付いていることを再認識した
		I3-19：自分自身は自分の文化を，他者との日常的なかかわりの中ではほとんど話さ

		ないのだと思った
		I3-18：自分自身は自分の内面的な価値を，他者との日常的なかかわりの中ではほとんど話さないのだと思った
		I4-01：自分で選択したのではないこと（自分のルーツなど）が，自分を形作っている部分が大きいことに気づいた
		I2-21：自分が考えることは，生まれてから今まで日本で暮らしてきた環境によるものと気づいた
		I4-13：少ししか外国で過ごしたことはないが，その経験が影響することに気づいた
		I2-19：日本を見直した
		I3-04：日本の文化について意識した
		I3-01：日本の文化についてきちんと向き合った
		I3-16：日本人は，自分の内面的な価値を他者との日常的なかかわりの中ではほとんど話さないのだなと気づいた
		I3-17：日本人は，自分の文化を，他者との日常的なかかわりの中ではほとんど話さないのだなと気づいた
		I2-13：同じ日本人でも育ってきた環境や経験により視点が違っているという新たな視点をもてるようになったと思う
		I2-05：日本では「宗教」があまり着目されないと気づいた
		I2-06：「宗教」を見つめ直した
	2-2：文化的な他者認識の向上 12（5.63／21.05） 5（71.43）I2，I4，I5，I6，I7	I6-04：人々の背景文化そのものが様々であると気づいた
		I7-24：他の人の文化にも気づけるようになったのではないかと思う
		I2-08：「自分にとって何が大切か」という価値基準は国籍を越えてその人その人にあるのだと気づいた
		I5-18：ある特定の「マイノリティ属性」については詳しいのに他の属性については全くの無知であったことに気づいた

		I6-30：自分も常に先入観をもって物事を見ていることに気づけた
		I2-02：多文化というものを知らないために，相手を見た目や行動で判断してしまうと気づいた
		I5-19：ある特定の「マイノリティ属性」について詳しいからこそ偏見となって現れてしまいがちなことに気づいた
		I6-03：自分の中にあるステレオ・タイプに気づいた
		I6-28：自分の属する文化のステレオ・タイプは，「そうばかりではない」と偏見だと思っていることに気づけた
		I6-29：自分と遠い文化のステレオ・タイプは安易に受け入れてしまうことに気づけた
		I4-09：自分が，少なからず，日本人の中で多数派であると無意識に思っていたことに気づいた
		I4-10：自分が，少なからず，日本人の中で多数派であるため余裕をもっていたことに気づいた
2-3：自分の文化的な力量レベルの意識化 2（0.94／3.51） 2（28.57）I1, I4		I4-12：自分が少数派になる経験をもっとして，他の意識を得る必要を感じた
		I1-29：まだ外国の方への支援においては，私自身今後専門職につく身としては知識・技術を学び磨いていく必要があると思う
2-4：ソーシャルワーク全般 8（3.76／14.04） 5（71.43）I1, I2, I3, I5, I6		I1-16：日本の各地域に外国籍の方が住むことも多くなるため積極的に取り組むべき支援だと考えた
		I5-04：専門家こそ多文化ソーシャルワークを深めていかなければならないと思った
		I2-23：自分の文化がどのようなものか知ることはソーシャルワークをする上で重要であると気づいた
		I3-20：自分の内面的な価値，文化を，他者との日常的なかかわりの中ではほとんど話さない故に，他者やクライエントとの心的な距離感もなかなか縮まらないのではと

		思った
		I3-21：自分の内面的な価値，文化を，他者との日常的なかかわりの中ではほとんど話さない故に，他者やクライエントとの心的な距離感もなかなか縮まらないのではと思ったから，自己開示の必要性を痛感した
		I1-09：抑圧と差別の歴史を通じて社会正義について考えていく視点が文化の異なる人々のソーシャルワークとの関連性について考えた
		I6-05：人々の背景文化そのものが様々である上，ソーシャル・ワークではさらにマイノリティで社会的に弱い立場である文化をもつ個人と向き合うと思った
		I1-12：各自治体の通訳者の有無について着目した
	2-5：プログラムの必要性 3　(1.41／5.26) 2　(28.57) I3, I6	I3-10：このような研修の機会がもっと増えればよいのにと感じた
		I6-26：ソーシャル・ワーカーになるなら外国人関係の事例にもっと触れておくべきな気がする
		I6-06：人々の背景文化そのものが様々である上，ソーシャル・ワークではさらにマイノリティで社会的に弱い立場である文化をもつ個人と向き合うのに，今まで「多文化」という言葉に焦点を当てたものはないように感じた
	2-6：感情面の変化 4　(1.88／7.02) 2　(28.57) I3, I4	I4-02：血筋や国籍など，自分で変えることのできない部分で差別を受けることの理不尽さを，とても感じた
		I4-11：自分が，少なからず，日本人の中で多数派であるため余裕をもっていたことを恥ずかしく感じた
		I3-08：国籍やビザの種類等から貧困や世代間連鎖，DVの根深い社会問題がこんなにあることに大変驚いた
		I3-09：国籍やビザの種類等から貧困や世代間連鎖，DVの根深い社会問題がこんなにあることで心苦しくなった
	2-7：新たな関心	I6-33：自分の色眼鏡はどのような色なの

		か，どんな傾向性で物事を見やすいのかということも知れたら面白いと思った
		I1-33：外国の方への支援についても自身の研究の中に取り入れたいと思うようになった
		I5-24：民族学に興味がわいた
	2-8：より広い意識変容 4　(1.88／7.02) 2　(28.57) I2, I5	I2-09：新たな世界観をもった
		I2-15：新たな視点をもてるようになったと思う
		I5-20：気づきがあったため，物事の見方が前より広くなったような気がする
		I5-09：「共存と共同の度合い」はどういうことだろう？　と思った
3　：行動意欲 28（13.15） 7　(16.67) 7　(100.00) 全員	3-1：文化的に多様な人々との積極的な接触 7　(3.29／25.00) 4　(57.14) I1, I4, I5, I7	I4-15：他の国で長期間生活してみたい
		I5-22：積極的に異文化をもつ人々と関わっていきたい
		I7-28：他の文化をもつ人（宗教が違う日本人，外国人，ろう者）といっぱい関わっていきたいと思う
		I7-30：他の文化をもつ人（宗教が違う日本人，外国人，ろう者）とお互いのことをより知っていきたいと思う
		I7-29：他の文化をもつ人（宗教が違う日本人，外国人，ろう者）とお互いのことを話していきたいと思う
		I1-36：支援を必要としている外国の方に日本に来て困っていることについてお話を伺ってみたいと思った
		I1-37：支援を必要としていなくても，外国の方に日本に来て困っていることについてお話を伺ってみたいと思った
	3-2：文化的な認識の向上 7　(3.29／25.00) 3　(42.86) I4, I6, I7	I7-25：自分自身の文化について考えようと思う
		I4-16：偏見が自分の中にあることに敏感になりたい
		I4-17：偏見が自分の中にあることに気づきたい
		I4-18：偏見が自分の中にあることに気づ

第 7 章　文化的な力量に関する教育実験の質的分析

		く度になくすようにしたい
		I6-34：「内在化された差別」について，どんどん気づいていくことはしていきたい
		I7-31：他の文化をもつ人（宗教が違う日本人，外国人，ろう者）と関わる時に，「文化は違って当たり前」ということを忘れないようにしたい
		I7-32：他の文化をもつ人（宗教が違う日本人，外国人，ろう者）と関わる時に，「相手の文化を100％知ることはムリ」ということを忘れないようにしたい
	3-3：多文化ソーシャルワークに関する継続学習 5（2.35／17.86） 4（57.14）I3, I4, I6, I7	I3-22：このような研修やセミナー等に今後参加していきたいと思う
		I7-14：内容をもっと時間をかけて深めたい
		I4-14：日本の中で，多数派でないため苦労している人たちの実態をもっと知りたい
		I6-35：「内在化された差別」について，どんどん知ろうとすることはしていきたい
		I4-19：偏見が自分の中にあることに敏感に気づいて，その度になくすために正しい知識を得るようにしたい
	3-4：多文化ソーシャルワークに関する研究 2（0.94／7.14） 1（14.29）I1	I1-32：外国の方への支援についても自身の研究の中に取り入れたいと思う
		I1-34：今後は，ひとり親世帯への支援における研究の中に新たな視点として日本に暮らす外国人ひとり親世帯への支援についても考えていきたいと考える
	3-5：多文化ソーシャルワークに関する実践 3（1.41／10.71） 2（28.57）I1, I2	I2-26：研修で得たことをこれから行ってくる長期海外ボランティアで活かしたい
		I2-27：これから行ってくる長期海外ボランティアの現地で様々なことに挑戦していきたい
		I1-10：今後自身が専門職員として支援していく際そのクライエントが外国の方の場合はその人の育った文化（信仰・宗教，コミュニティのあり方）についてしっかりとアセスメントしていきたいと思った
	3-6：ソーシャルワーク全	I5-23：ソーシャルワークの技法を一から

	般の再学習 3　(1.41／10.71) 1　(14.29)　I5	学び直したい
		I5-27：関係作りをしていくプロセスの学び直しに取り組みたい
		I5-26：支援計画の学び直しに取り組みたい
	3-7：その他の学習 1　(0.47／3.57) 1　(14.29)　I5	I5-25：民族学を勉強したい
4 ：プログラムの評価 63　(29.58) 12　(28.57) 7　(100.00)　全員	4-1：一般的な高評 9　(4.23／14.29) 4　(57.14)　I1, I3, I4, I6	I3-11：大変有意義だった
		I1-41：非常に良い経験になった
		I6-19：とても充実した研修だった
		I6-20：素敵な研修だった
		I6-07：すごく素敵な研修だった
		I6-09：楽しかった
		I4-05：参加して楽しかった
		I6-18：研修が堅苦しいものなのかとイメージがあったが，良い意味で裏切られた
		I6-07：想像していたよりずっと時間が速かった
	4-2：感謝の表現 6　(2.82／9.52) 3　(42.86)　I1, I2, I6	I1-43：ありがとう
		I6-38：ありがとう
		I1-31：2日間本当にありがとう
		I1-40：お世話になった
		I2-28：お世話になった
		I6-39：お疲れ様
	4-3：プログラムの意義 3　(3.141／4.76) 3　(42.86)　I5, I6, I7	I6-27：多分，初めて外国人関係の事例に触れた
		I5-02：ソーシャルワークの意義を改めて考え直すことができた
		I7-13：もっと多くの人に知ってほしい内容だと思った
	4-4：全体構想 2　(0.94／3.17) 2　(28.57)　I3, I7	I7-07：内容盛りだくさんだった
		I3-14：プログラムが盛りだくさんだった
	4-5：講義 4　(1.88／6.35)	I6-12：分かりやすかった
		I6-10：講義がよく噛み砕いていた

第7章　文化的な力量に関する教育実験の質的分析

1 （14.29） I6		I6-14：氷山の例が面白いと思った
		I6-11：よく噛み砕いていて教えて下さっていて分かりやすかった
4-6：参加型学習 6 （2.82／9.52） 2 （28.57） I2, I5		I2-16：考えを共有し合えた
		I2-17：考えを共有し合える場があるのが良かった
		I2-14：特に体験談を聞いて新たな視点をもてるようになったと思う
		I5-15：「偏見」を書き足していくグループワークは非常に面白かった
		I5-16：「偏見」を書き足していくグループワークは今までにないやり方で新鮮だった
		I5-17：「偏見」を書き足していくグループワークは他人の頭の中をのぞけたようだった
4-7：プログラムの雰囲気 10 （4.69／15.87） 4 （57.14） I4, I5, I6, I7		I5-11：良い環境だった
		I7-12：心地良い学びの場だったと思う
		I6-08：アットホームな雰囲気だった
		I4-08：気楽だった
		I4-04：話しやすい空気だった
		I5-10：話しやすい雰囲気だった
		I4-06：強制されることがなかった
		I4-07：強制されることもなかったので，気楽だった
		I7-09：少人数であったため，全員積極的に講義に参加できる雰囲気だったと思う
		I7-10：全員積極的に講義に参加できる雰囲気のため，心地良い学びの場だったと思う
4-8：運営体制 4 （1.88／6.35） 2 （28.57） I5, I6		I5-13：少人数なので良かったかもしれない
		I5-12：講義の部分も集中して聴ける環境だった
		I6-40：お菓子やお茶など用意して下さっていて驚いた
		I6-41：お菓子やお茶など用意して下さっ

		ていてとってもうれしかった
4-9：習得内容 3　（1.41／4.76） 2　（28.57）I1, I2		I1-42：多くのことを学ばせて頂いた
		I2-25：大いに多文化ソーシャルワークをする上で重要なことを学べた
		I1-30：外国の方への支援において私自身今後専門職につく身として知識・技術を学び磨いていく第一歩となった
4-10：意識向上 5　（2.35／7.94） 4　（57.14）I1, I2, I6, I7		I6-31：気づけたいい機会になった
		I2-10：気づきは新たな世界観をもつきっかけとなった
		I7-20：初めて自分自身の文化について考えることができた
		I7-18：自分自身の文化を振り返る機会が何度かあった
		I1-35：今後は，ひとり親世帯への支援における研究の中に新たな視点として日本に暮らす外国人ひとり親世帯への支援についても考えていきたいと考えることができた
4-11：今後の期待 2　（0.94／3.17） 2　（28.57）I6, I7		I6-42：またこんな機会があれば楽しみ
		I7-16：機会があれば続編も期待している
4-12：指摘 9　（4.23／14.29） 3　（42.86）I3, I6, I7		I3-12：初めて知ったことがあまりにも多かった
		I3-13：気づいたことがあまりにも多かった
		I7-08：とても2日間では足りないと感じた
		I7-15：もっと時間をかけて深めたい内容だった
		I3-15：2日間ではなく，もう数回に分けて実施した方が理解度が高まるかと思った
		I6-22：本当に文化的背景が全く違う人物ばかり出てきた
		I6-23：本当に文化的背景が全く違う人物ばかり出てきた時は，最初少し混乱した
		I6-24：最初少し混乱した
		I7-11：講師の人柄のため，心地良い学びの場だったと思う

第7章　文化的な力量に関する教育実験の質的分析

5：その他 21 (9.86) 7 (16.67) 4 (57.14) I1, I2, I6, I7	5-1：参加前の自分の文化的な力量レベル 4 (1.88／19.05) 1 (14.29) I1	I1-24：外国の方への理解を示すことが重要だということが分かっていた
		I1-07：部落民，アイヌや琉球，朝鮮の抑圧と差別の歴史について知っていた
		I1-06：理論を評価する方法の歴史について考えていくといったことは福祉を学ぶ中で心得ていたつもりだった
		I1-08：抑圧と差別の歴史を通じて社会正義について考えていくといったことは福祉を学ぶ中で心得ていたつもりだった
	5-2：参加動機 1 (0.47／4.76) 1 (14.29) I1	I2-11：初めは多文化ソーシャルワークの知識や技能について知りたいと思い参加した
	5-3：参加前のプログラムのイメージ 2 (0.94／9.52) 1 (14.29) I6	I6-16：意識調査を今まで何回か受けたことがあるが，いつも「質問の意味が分からない。なんだか高度なことを求められているみたいだけど，考えたこともないよ」と思いながら受けていたので，研修も堅苦しいものなのかとイメージがあった
		I6-17：研修が堅苦しいものなのかとイメージがあった
	5-4：アセスメント・テストの評価 2 (0.94／9.52) 1 (14.29) I6	I6-15：意識調査を今まで何回か受けたことがあるが，いつも「質問の意味が分からない。なんだか高度なことを求められているみたいだけど，考えたこともないよ」と思いながら受けていた
		I6-21：講義を受けてから意識調査をしてみると質問の捉え方が全然違う
	5-5：多文化ソーシャルワークの必要性 3 (1.41／14.29) 1 (14.29) I7	I7-04：多文化ソーシャルワークの考え方は，これからソーシャルワーカーになろうとしている人には，必ず必要なスキルだと思う
		I7-05：自分自身の文化に気づく力は，これからソーシャルワーカーになろうとしている人には，必ず必要なスキルだと思う
		I7-06：クライエントの文化に気づく力は，これからソーシャルワーカーになろうとしている人には，必ず必要なスキルだと思う
	5-6：文化的な力量の向上	I2-24：多文化ソーシャルワークをする上

第Ⅲ部　文化的な力量に関する実証的な教育実験による介入研究

		で，実際に多文化をもつ人々と関わることも大切だと思う
の手法 8 （3.76／38.10） 4 （57.14）I1, I2, I6, I7		I7-23：自分の文化に気づいたことで，他の人の文化にも気づけるようになったのではないかと思う
		I7-26：いろんな人に話すことで自分の文化について深められるのではないかと思う
		I7-27：いろんな人に伝わるように工夫することで自分の文化について深められるのではないかと思う
		I6-36：「内在化された差別」について，どんどん気づいていくこと，知ろうとすることを続けていけば，自分の物事を見る傾向性が分かってくる気がする
		I6-37：「内在化された差別」について，どんどん気づいていくこと，知ろうとすることを続けていけば，自分の物事を見る傾向性が分かってきて，より事実に基づいた判断がしやすくなるような気がする
		I1-38：外国の方に実際にお話を伺うことは，その方と日本の文化的違いについて把握することができると思う
		I1-39：外国の方に実際にお話を伺うことは，研修で学んだ知識や技術に結び付けて考えていくことで「多文化なソーシャルワーク」における理解を深めていくことができると思う
5-7：その他意見 1 （0.47／4.76） 1 （14.29）I1		I1-15：社会がグローバル化するということは，日本の各地域に外国籍の方が住むことも多くなると思う

　分析目的に沿ったカテゴリー別のラベル数及びその割合と，サブカテゴリー数及びその割合を表7-3にまとめた。ラベル数の多い順で，カテゴリー4の「プログラムの評価」に関するラベルは全体の29.58％を，カテゴリー2の「意識変容」に関するラベルは全体の26.76％を，カテゴリー1の「学習効果」に関するラベルは全体の20.66％を，カテゴリー3の「行動意欲」に関するラベルは全体の13.15％を，カテゴリー5の「その他」に関するラ

表7-3　カテゴリー別のラベルとサブカテゴリー

カテゴリー	ラベル		サブカテゴリー	
	数	割合（％）	数	割合（％）
1：学習効果	44	20.66	8	19.05
2：意識変容	57	26.76	8	19.05
3：行動意欲	28	13.15	7	16.67
4：プログラムの評価	63	29.58	12	28.57
5：その他	21	9.86	7	16.67
合計	213	100.00	42	100.00

ベルは全体の9.86％を占めた。サブカテゴリー数は，「プログラムの評価」が12，「意識変容」と「学習効果」が8ずつ，「行動意欲」と「その他」が7ずつできた。

　以下，各カテゴリーに関して，表7-2に照らし合わせて実際のラベル内容を取り上げながら，サブカテゴリーについて記入者の多い順に整理する（下線はサブカテゴリーにおける人数）。

A｜学習効果

　カテゴリー1の「学習効果」（44ラベル，8サブカテゴリー）に関する内容は全ての参加者より得られた（表7-4）。人数とラベル数でみた場合，最も大きいサブカテゴリーは「日本における文化的に多様な人々に関する知識」（5人，10ラベル）であった。これは，文化的に多様な人々の存在そのもの，抑圧等の歴史，抱える問題，制度利用などに関するラベルを含む。

　3人からの記入内容をまとめた「文化的に多様なクライエントへの支援方法」（10ラベル）は，援助過程，特にアセスメント（帰属コミュニティの理解，スピリチュアルな側面など）や通訳に関する配慮に関するラベルを取り上げることができる。

　ラベル数は異なるが，「クリティカル・シンキング」（6ラベル），「日本における文化的に多様な人々への支援の現状」（4ラベル），「印象に残った文

表7-4　カテゴリー1（学習効果）の内訳

整理番号：サブカテゴリー	数	ラベル		人数	記入者	
		全数内割合(%)	カテゴリー内割合(%)		全員内割合(%)	ID
1-1：日本における文化的に多様な人々に関する知識	10	4.69	22.73	5	71.43	I3, I4, I5, I6, I7
1-2：日本における文化的に多様な人々への支援の現状	4	1.88	9.09	2	28.57	I1, I5
1-3：文化的に多様なクライエントへの支援方法	10	4.69	22.73	3	42.86	I1, I2, I5
1-4：スピリチュアル・アセスメント	5	2.35	11.36	1	14.29	I1
1-5：クリティカル・シンキング	6	2.82	13.64	2	28.57	I1, I5
1-6：印象に残った文化の比喩モデル	4	1.88	9.09	2	28.57	I2, I6
1-7：印象に残ったワーク	3	1.41	6.82	2	28.57	I2, I5
1-8：より広い学習	2	0.94	4.55	2	28.57	I2, I6
合計	44	20.66	100.00	7	100.00	全員

化の比喩モデル」（4ラベル），「印象に残ったワーク」（3ラベル），「より広い学習」（2ラベル）のサブカテゴリーについては記入者が<u>2人</u>ずついた。「クリティカル・シンキング」は，その方法及びソーシャルワークにおける適用に関するラベルを含む。「日本における文化的に多様な人々への支援の現状」は，専門的なソーシャルワークや通訳が不足している状態を指摘するラベルから成り立っている。「印象に残った文化の比喩モデル」は，『氷山』・『色眼鏡』・『フィルター』のたとえを，「印象に残ったワーク」は『私の名前』（巻末の付録5-2のワーク2）と『レッテル貼り』（巻末の付録5-2のワーク8）を取り上げるラベルを含む。

　なお，「スピリチュアル・アセスメント」については，<u>1人</u>の参加者が詳しく述べた（5ラベル）。

第7章　文化的な力量に関する教育実験の質的分析

201

B｜意識変容

カテゴリー 2 の「意識変容」（57ラベル，8 サブカテゴリー）に関する内容も全ての参加者より得られた（表7-5）。「文化的な自己認識の向上」（21ラベル）と「文化的な他者認識の向上」（12ラベル）について 5 人ずつ取り上げた。前者は，自分の文化及びそれが自分へ及ぼす影響，また環境によって形成されている過程に対する自覚を報告するラベルを含む。そして，日本ではあまり自分の文化について話さない，話したことがないことへの気づきを述べるラベルも複数ある。後者の他者認識は，文化的な多様性への気づきと，異なる文化に対する自分の無知，先入観，偏見，ステレオタイプの意識化を取り上げるラベルがある。また，「ソーシャルワーク全般」というサブカテゴリーも同じく 5 人より計 8 ラベルができた。このサブカテゴリーは，例えば，多文化ソーシャルワークの必要性を越えて通常のソーシャルワークも含めた自己覚知及び自己開示，またクライエントのマイノリティ性の配慮について訴えるラベルが含まれた。

サブカテゴリーの「新たな関心」は 3 人から計 3 ラベルから成り立ってい

表7-5　カテゴリー 2（意識変容）の内訳

整理番号：サブカテゴリー	数	ラベル 全数内割合(%)	カテゴリー内割合(%)	人数	記入者 全員内割合(%)	ID
2-1：文化的な自己認識の向上	21	9.86	36.84	5	71.43	I2, I3, I4, I5, I7
2-2：文化的な他者認識の向上	12	5.63	21.05	5	71.43	I2, I4, I5, I6, I7
2-3：自分の文化的な力量レベルの意識化	2	0.94	3.51	2	28.57	I1, I4
2-4：ソーシャルワーク全般	8	3.76	14.04	5	71.43	I1, I2, I3, I5, I6
2-5：プログラムの必要性	3	1.41	5.26	2	28.57	I3, I6
2-6：感情面の変化	4	1.88	7.02	2	28.57	I3, I4
2-7：新たな関心	3	1.41	5.26	3	42.86	I1, I5, I6
2-8：より広い意識変容	4	1.88	7.02	2	28.57	I2, I5
合計	57	26.76	100.00	7	100.00	全員

第Ⅲ部　文化的な力量に関する実証的な教育実験による介入研究

る。具体的に，文化的な認識の探究，文化的に多様な人々に関する調査研究，そして民俗学の学習への関心について記すラベルを含む。

「感情面の変化」（４ラベル），「より広い意識変容」（４ラベル），「プログラムの必要性」（３ラベル），「自分の文化的な力量レベルの意識化」（２ラベル）のサブカテゴリーは，それぞれ２人の記入者からのラベルをまとめている。「感情面の変化」は，差別の理不尽さ，各種社会問題に対する驚きと悲しさ，また自分が多数派であることによる恥ずかしさに関するラベルを含む。「プログラムの必要性」は本プログラムのソーシャルワーク教育における導入の重要性を指摘するラベルを集約している。「自分の文化的な力量レベルの意識化」は，継続的な学習の必要性を感じたように書かれているラベルから成り立っている。

C｜行動意欲

同じく，カテゴリー３の「行動意欲」（28ラベル，７サブカテゴリー）に関する内容も全ての参加者より得られた（表7-6）。サブカテゴリー「文化的に多様な人々との積極的な接触」（７ラベル）と「多文化ソーシャルワークに関する継続学習」（５ラベル）はどれも４人からの記入内容を集めている。前者はこれから様々な形式で異文化間の関わりをもちたい意欲を，後者はこの分野の学びを深めたい意欲を示すラベルを含む。

「文化的な認識の向上」（７ラベル）のサブカテゴリーは３人が記入した更なる自己認識及び他者認識の向上を目指すラベルを並べている。

続いて，「多文化ソーシャルワークに関する実践」（３ラベル）は２人から，実際に従事してみたいというラベルを含む。

そして，「ソーシャルワーク全般の再学習」（３ラベル），「多文化ソーシャルワークに関する研究」（２ラベル），「その他の学習」（１ラベル）はどれも１人の記入者のラベルをまとめたサブカテゴリーである。「ソーシャルワーク全般の再学習」は特に援助過程の学び直し，「多文化ソーシャルワークに

表7-6　カテゴリー3（行動意欲）の内訳

整理番号：サブカテゴリー	数	ラベル 全数内割合(%)	ラベル カテゴリー内割合(%)	人数	記入者 全員内割合(%)	記入者 ID
3-1：文化的に多様な人々との積極的な接触	7	3.29	25.00	4	57.14	I1, I4, I5, I7
3-2：文化的な認識の向上	7	3.29	25.00	3	42.86	I4, I6, I7
3-3：多文化ソーシャルワークに関する継続学習	5	2.35	17.86	4	57.14	I3, I4, I6, I7
3-4：多文化ソーシャルワークに関する研究	2	0.94	7.14	1	14.29	I7
3-5：多文化ソーシャルワークに関する実践	3	1.41	10.71	2	28.57	I1, I2
3-6：ソーシャルワーク全般の再学習	3	1.41	10.71	1	14.29	I5
3-7：その他の学習	1	0.47	3.57	1	14.29	I5
合計	28	13.15	100.00	7	100.00	全員

関する研究」は卒業論文などへ関連視点の取り入れ，「その他の学習」は民俗学の勉強に取り組みたいというラベルから成り立っている。

D｜プログラムの評価

　最大カテゴリーにあたるカテゴリー4の「プログラムの評価」（63ラベル，12サブカテゴリー）にも，全ての参加者より得られた内容が集約されている（表7-7）。「プログラムの雰囲気」（10ラベル），「一般的な高評」（9ラベル），「意識向上」（5ラベル）のサブカテゴリーのラベルは4人ずつから集まっている。「プログラムの雰囲気」は，参加しやすい学習環境に関するラベルを含む。「一般的な高評」は不特定の高い評価を下すラベルをまとめている。「意識向上」には，様々な気づきの機会を提供してもらったことに対して肯定的な評価を下しているラベルが入っている。

　「指摘」（9ラベル），「感謝の表現」（6ラベル），「プログラムの意義」（3ラベル）には，それぞれ3人からの記入内容がまとまっている。「指摘」はプログラム内容の多さと時間の短さのバランスについて訴えるラベルと，学

表7-7　カテゴリー4（プログラムの評価）の内訳

| 整理番号：サブカテゴリー | 数 | ラベル | | 人数 | 記入者 | ID |
		全数内割合(%)	カテゴリー内割合(%)		全員内割合(%)	
4-1：一般的な高評	9	4.23	14.29	4	57.14	I1, I3, I4, I6
4-2：感謝の表現	6	2.82	9.52	3	42.86	I1, I2, I6
4-3：プログラムの意義	3	1.41	4.76	3	42.86	I5, I6, I7
4-4：全体構想	2	0.94	3.17	2	28.57	I3, I7
4-5：講義	4	1.88	6.35	1	14.29	I6
4-6：参加型学習	6	2.82	9.52	2	28.57	I2, I5
4-7：プログラムの雰囲気	10	4.69	15.87	4	57.14	I4, I5, I6, I7
4-8：運営体制	4	1.88	6.35	2	28.57	I5, I6
4-9：習得内容	3	1.41	4.76	2	28.57	I1, I2
4-10：意識向上	5	2.35	7.94	4	57.14	I1, I2, I6, I7
4-11：今後の期待	2	0.94	3.17	2	28.57	I6, I7
4-12：指摘	9	4.23	14.29	3	42.86	I3, I6, I7
合計	63	29.58	100.00	7	100.00	全員

習環境整備が講師の人柄に依存するかもしれないことについて記入されているラベルを含む。「感謝の表現」と「プログラムの意義」には，各サブカテゴリー名通りの表現が記されているラベルが分類されている。

　記入者2人ずつのサブカテゴリーは「参加型学習」（6ラベル），「運営体制」（4ラベル），「習得内容」（3ラベル），「全体構想」（2ラベル），「今後の期待」（2ラベル）である。「参加型学習」には，グループワークの面白さや参加者間で考えをシェアする良さを取り上げるラベルが入っている。「運営体制」は少人数体制や差し入れを肯定的に評価しているラベルから成り立っている。「習得内容」は，学んだことの幅広さと重要性について述べるラベルを含む。「全体構想」には，内容の多さを肯定的に評価しているラベルがある。「今後の期待」は続編を受けたい気持ちを示すラベルをまとめている。

　続いて，「講義」（4ラベル）のサブカテゴリーには，教え方及びそれによる効果について肯定的に取り上げた1人の記入者のラベルが分類されている。

第7章　文化的な力量に関する教育実験の質的分析

E│その他

　カテゴリー5の「その他」（21ラベル，7サブカテゴリー）は最小のカテ
ゴリーとなっており，4人の参加者から抽出したラベルが集約されている（表
7-8）。「文化的な力量の向上の手法」（8ラベル）は，複数人からのラベルを
まとめている唯一のサブカテゴリーである（4人）。これに入っているラベ
ルは，文化的な力量を上げるために有効と思われる方法として，文化的な自
己認識及び他者認識，また多様な人々との接触について指摘している。

　このカテゴリーの残りのサブカテゴリーには，全て各1人の記入者からの
ラベルが入っている。「参加前の自分の文化的な力量レベル」（4ラベル）は，
プログラムを受ける前の自分の意識の高さを，「多文化ソーシャルワークの
必要性」（3ラベル）は全てのソーシャルワーカーに文化的な力量が求めら
れていることを示すラベルから成り立っている。「参加前のプログラムのイ
メージ」（2ラベル）は堅苦しいプログラムになるのではないかという不安
が受ける前にあったと書かれているラベルを含む。「アセスメント・テスト
の評価」（2ラベル）も類似した内容として，プログラムを受けないまま記

表7-8　カテゴリー5（その他）の内訳

整理番号：サブカテゴリー	ラベル			記入者		
	数	全数内割合(%)	カテゴリー内割合(%)	人数	全員内割合(%)	ID
5-1：参加前の自分の文化的な力量レベル	4	1.88	19.05	1	14.29	I1
5-2：参加動機	1	0.47	4.76	1	14.29	I1
5-3：参加前のプログラムのイメージ	2	0.94	9.52	1	14.29	I6
5-4：アセスメント・テストの評価	2	0.94	9.52	1	14.29	I6
5-5：多文化ソーシャルワークの必要性	3	1.41	14.29	1	14.29	I7
5-6：文化的な力量の向上の手法	8	3.76	38.10	4	57.14	I1, I2, I6, I7
5-7：その他意見	1	0.47	4.76	1	14.29	I1
合計	21	9.86	100.00	4	57.14	I1, I2, I6, I7

第Ⅲ部　文化的な力量に関する実証的な教育実験による介入研究

入するテストに対する悪い印象と，プログラムを受けることによるテストの
質問の捉え方の変化，深まる理解を報告するラベルをまとめている。「参加
動機」（1ラベル）には，サブカテゴリー名に沿った内容のラベルが入って
いる。「その他意見」（1ラベル）は，グローバル化による日本社会の多様化
について指摘しているラベルを含む。

3 本章の考察

　上述の結果で示したカテゴリーとサブカテゴリーを基に，考察では分析目
的に沿って，プログラムの参加者への効果と参加者によるプログラムの評価，
またその他について述べる。記述内容については，プログラム内容とも比較
しながら整理する。

1 プログラムの効果

　本教育プログラムが参加者に及ぼした効果を，データ収集時の目的と質問
設定に従って，第一種の効果（学習効果），第二種の効果（意識変容），第三
種の効果（行動意欲）に分け，それぞれは以下の通りであった。

A 学習効果（第一種の効果）

　何らかの学習効果を全ての参加者が報告した。

　参加者の大多数（7人中5人）は日本における文化的に多様な人々につい
て知識を得たと述べた。知識の内容は，このような人々が存在していること
自体，また受けてきた抑圧などの歴史，現在抱えている社会福祉関連問題，
そして社会福祉制度の利用可能性を含む。これらはプログラムの知識編で教
えた内容に当たる。

第7章　文化的な力量に関する教育実験の質的分析

参加者のほぼ半数（7人中3人）は文化的に多様な人々に対する援助法を学んだと報告した。具体的な記述はプログラムの技術編の内容に対応している。また，1人は特にスピリチュアル・アセスメントに注目した。

プログラム終了後に鮮明に覚えていた内容は参加者によって異なった。導入編において取り扱った日本における支援不足の現状についても，同じく導入編において文化の概念的な捉え方に関して提示した比喩モデルについても，認識編で行った参加型ワークについても，知識編のクリティカル・シンキングについても2人ずつ取り上げた。具体的に取り上げられた比喩モデルはこの分野のテキストで頻繁に紹介されている氷山と色眼鏡（フィルター），ワークは初期アイスブレイクの「私の名前」と9ワーク中8番目に実施した「レッテル貼り」であった。

B｜意識変容（第二種の効果）

何らかの意識変容を全ての参加者が報告した。

プログラムの認識編で重点的に目指した文化的な力量の認識領域における変化を合計6人報告しており，自己認識と他者認識について5人ずつ取り上げた。前者に関する記述では，自分の文化への自覚を確認すると同時に，日常的にそのための機会がないと指摘された。後者の変化は，文化的な多様性に対する自分の無知，先入観や偏見等の意識化を含む。これらとの関連で，驚き，理不尽さ，悲しさ，恥ずかしさなどの感情面の変化の報告も，より広い意識の変化の報告もそれぞれ2人からあった。また，この分野以外でも，ソーシャルワーク全般における自己覚知や自己開示，そしてクライエントのマイノリティ性への配慮が求められることに気づいたと述べた参加者も5人ほどいた。

プログラム全体を通して，ソーシャルワーク教育における本プログラムの必要性と，自分の力量レベルの物足りなさ及び継続学習の重要性に気づいたことを2人ずつ報告した。そして，この分野に関する何らかの新しい関心に

第Ⅲ部　文化的な力量に関する実証的な教育実験による介入研究

ついて3人述べた。

C | 行動意欲（第三種の効果）

何らかの行動意欲を全ての参加者が報告した。

参加者の大半（4人ずつ）が文化的に多様な人々と積極的に関わっていく，あるいはこの分野に関する継続的な学習に取り組んでいく意欲を記述で示した。

参加者の半分弱（3人）は特に文化的な認識領域の向上に取り組みたいと述べた。2人は異文化間ソーシャルワーク実践に従事したいと述べた。

そして，本分野関連の研究，ソーシャルワーク全般の再学習，民俗学の勉強を取り上げた参加者は1人ずついた。

また，行動意欲については，追跡調査で自由記述を通して個別に確認を行った結果[81]，7人中6人は取り組みたいことに追跡時に既にほぼ取り組めた，あるいは取り組み中であったと述べた。

2 | プログラムの評価

4人の参加者から不特定の高評の記述，3人から何らかの感謝の表現があった。

認識編に関しては，意識向上の機会提供と参加しやすい学習環境を肯定的に評価した記述を4人ずつがした。参加型学習を特にポジティブに捉える評価は2人からあり，楽しさの他に参加者間の意見共有を取り上げた。

導入・知識・技術編で使われた講義形式を肯定的に評価する記述内容を書いた参加者は1人いた。

81）追跡調査の時点で，自分が介入後に取り組みたいと書いた内容を各参加者に示し，進捗状況を聞いた。

プログラム中に習得できた内容について3人，全体構想（網羅した内容）と運営体制（少人数など）についてそれぞれ2人が良い評価を述べた。

このような教育プログラムの意義そのものを3人，続編への期待を2人が取り上げた。

何らかの指摘を3人からもらえた。具体的には，多過ぎる内容と短か過ぎる時間のバランスが課題として訴えられた。また，安心できる学習環境は講師によるという点が取り上げられた（特に参加型の認識編に関して，他の講師による再現可能性の難しさ）。

プログラムを否定的に評価する記述はなかったが，指摘の中に，自分にとって新鮮過ぎる内容のため，初期（認識編）の混乱を報告する参加者が1人いた。

3 | その他

上記以外の記述内容には，文化的な力量向上に有効な手法に関する気づきを述べるものが4人の参加者からあった。これらの内容は，文化的な認識（自己認識と他者認識）と，文化的に多様な人々との関わりの重要性について指摘した。

参加前の自分の文化的な力量レベルの高さと参加動機を報告する参加者が1人ずついた。

また，1人は参加前の時点におけるプログラムに対する堅苦しいイメージとプログラムを受けないままアセスメントを理解する難しさについて述べた。

そして，日本社会における文化の多様性とソーシャルワークにおける文化的な力量の必要性についてそれぞれ1人の参加者が取り上げた。

第Ⅲ部　文化的な力量に関する実証的な教育実験による介入研究

4 本章の結論：複数の教育効果とプログラムの評価を質的に検証

　本章では，プログラムが及ぼす効果について，学習効果・意識変容・行動意欲という3種類の効果を全ての参加者について確かめることができた。参加者の大半は特に認識編を肯定的に評価した。また，時間的制約と参加型学習の他の講師による再現可能性について指摘があった。

本章の引用文献（ABC順）

Oktay, J. S. (2012) *Grounded Theory (Social Work Research Methods)*, Oxford.

Rossi, P.H., Lipsey, M. W., Freeman, H. E. (2004) *Evaluation: A Systematic Approach (7th Ed.)*, Sage.（＝2005，大嶋　巌・平岡公一・森　俊夫・元永　拓郎監訳『プログラム評価の理論と方法―システマティックな対人サービス・政策評価の実践ガイド』日本評論社.）

Rubin, A., Babbie, E. (2011) *Research Methods for Social Work (7th Ed., International Ed.)*, Brooks/Cole Cengage Learning.

第7章　文化的な力量に関する教育実験の質的分析

終　章 | 本書の全体的な結論

本章の要旨

本書の総合目的は，「日本における文化的に多様な人々に対応できる能力，即ち文化的力量（cultural competence）をもつソーシャルワーク専門職の効果的な教育プログラムの構築」であった。以下，総合考察として，総合目的の達成に向けた各章の目的と結論を中心にまとめる。

1 | 本書の総合的な考察

　第Ⅰ部では，教育実験による実証研究に必要な基盤研究を行った。第1章の目的は，研究全体の意義を示すことであった。そのために，統計データや国内外の専門基準文書のような既存資料の調査を行い，本書が必要になる背景として，日本社会における文化的な多様化と文化的に多様な人々の周縁化を指摘し，また文化の多様性に関する専門的なソーシャルワークにおける実践及び教育基準に対応することが必要であると結論づけた。第2章の目的は，文化の多様性に対応するソーシャルワークの国内外の研究動向の整理であった。そのために，英語圏と国内の先行研究の検討を行い，理論的な枠組みとして文化的な力量モデルの国内導入などが必要であると結論づけた。第3章の目的は，先駆的と思われる諸外国における文化の多様性に関する専門職養成について知識を得ることであった。そのために，移民国家4ヶ国のソーシャルワーク学士課程の海外訪問調査を行い，文化的な力量において認識領域，とりわけ文化的な自己認識及び他者認識の向上を重視した教育とそれに向けた参加型学習が必要であると結論づけた。

　第Ⅱ部では，教育実験による実証研究に必要な材料の作成に取り組んだ。

終章　本書の全体的な結論

213

第4章の目的は，文化的な力量を測る日本語の測定ツールの作成であった。そのために，ラムによる文化的な力量枠組みを採用し，「ソーシャルワークにおける文化的な力量の自己アセスメント・テスト」の日本語版を作り，信頼性と妥当性を検討する調査の結果，文化的な力量を日本語で測れる尺度が初めてでき，実験研究に必要な測定ツールが確定した。第5章の目的は，文化的な力量の向上のための日本における教育プログラムの作成であった。そのために，採用した理論的枠組みに沿って，文化的な力量の3領域（認識・知識・技術）と24要素を網羅し，導入編・認識編・知識編・技術編からなるプログラムを作り，実験研究に必要な介入内容が確定した。

　第Ⅲ部では，日本の専門的な文脈において文化的な力量の向上を目指す教育実験を実施した。第6章の目的は，作成した教育プログラムの効果を量的研究によって確かめることであった。そのために，実験デザインによる介入研究を行い，自己アセスメント・テストによってプログラムによる学習効果，即ち文化的な力量の向上を測り，参加者の力量全体及び認識・知識・技術の3力量領域の向上を確認できた。第7章の目的は，作成した教育プログラムの効果を質的研究によって確かめることであった。そのために，実施した介入研究の参加者による自由記述データを収集し，ラベル化とカテゴリー化を行い，学習効果・意識変容・行動意欲の3種類のプログラム効果と参加による教育プログラム，特に認識編に対する肯定的な評価を確認できた。

2 本書の総合的な結論： 効果的なプログラム作成が成功

　本書の上記の過程を通して，日本における文化的力量をもつソーシャルワーク専門職の効果的な教育プログラムの構築に成功し，総合目的が達成された。

終章　本書の全体的な結論

3 本書の限界と将来の展望：多様性の幅の拡大に向けて

　構築した教育プログラムの限界に関しては，教育実験による実証研究の量的分析では持続効果の問題，質的分析では時間と内容のより良いバランスの確保と異なる講師による再現困難性を指摘できる。これらの解決に向けて，プログラム改善に取り組まなければならない。例えば，フォローアップによる持続効果の向上や集中的よりも定期的な実施による時間の確保が考えられる。また，参加型学習のためのファシリテーション能力を目指す講師育成やテキスト及びマニュアル作成も必要である。更に，文化別の内容をより深く扱えるために，時間の延長が求められる。そして，教師・学習者・教材の三角関係と教師の当事者性の活用についてもより深めることも課題として残る。同時に，様々な受講者構成によっての効果を比較検討することもこれから望ましい。

　方法論的な限界として，第一に教育効果に注目したことがある。要するに，文化的な力量の向上を学習者の自己評価によって測ったことで，現場実践における力量の測定ができていない。追跡において実践におけるプログラム内容の有用性などについてデータを収集したが，実践現場におけるより徹底した検討が必要である。また，教育プログラムの対象が学生の場合でも，教室内の参加型学習も重要であると同時に，それを更に越えた実習なども念頭におかなければならない。第二の方法論的な課題として，効果測定に関してより多くの対象者のデータを集めるために，もっと規模の大きい調査研究が求められる。第三の方法論的な課題は，プログラム開発において英語圏の西洋諸国のみを参考にしたことである。今後，社会における文化の多様性の度合いという側面からみて，より日本の現状に近い国々の取り組みについても調査研究に従事する必要がある。その中で，ソーシャルワーカーの社会的位置及び役割（権限，責任など）という側面についてもより厳密な比較検討が望まれる。

終章　本書の全体的な結論

最後に，国際的に主流化しつつあるように，狭義の多様性，即ち狭い意味での文化と民族を越えて，多様性全般，つまり障がい，性的指向，ジェンダー，年齢などの要因への力量モデルの適用に本書の課題及び可能性がある。また，ソーシャルワークの枠と日本の国境を超えた学際・国際的な視野からみた応用可能性の検討もこれから求められる（例えば，学校教育場面への適用の検証や他国における有用性のクリティカルな分析など）。

4 むすび：普及と社会福祉士養成への導入を長期目標に

本書を通して，本研究の必要になった国内外の社会的及び専門的な背景を第Ⅰ部で明らかにし，先行研究と海外調査を基に，問題解決の考えられる対応法について指摘した。対応法として提唱した文化的な力量の専門職教育の実現に向けて，第Ⅱ部において実際の教育プログラム等を作り，その効果を第Ⅲ部の実証研究で試験的に確かめた。しかし，本研究の総合目的を設定するにあたり，異文化間のソーシャルワーク実践に関する専門分野の国内確立と，社会福祉士の国家資格者養成カリキュラムにおいて独立した試験科目等としての位置付けを将来的な長期目標と掲げた以上，今後は普及に向けた努力が必要になる。そのために，前節で先述した更なる実証研究の他に，日本の社会福祉における次のような発想の転換も欠かせない。

第一に，文化的に多様な人々の存在意義を社会福祉の正規の対象者として認めることが求められる。社会福祉の対象者が法的規定の厳密な区分によってのみ決まるという考え方（例えば，制度に沿った手帳交付などを前提とする給付）から，ニーズを抱える被抑圧者や周縁化された人々に幅を広げることが期待される。これは，ソーシャルワークがそもそも「誰に対して」，そしてそれよりも「なぜ」，つまり何を基準に支援するのかという根本課題に関わる問題である。例えば，類似したシフトは，国籍を含めて対象者について詳細に定めていない近年の生活困窮者対策に既にみられる現象である。第

終章　本書の全体的な結論

二に，多様性の時代においては，社会福祉サービスにおける「公平性」の新しいパラダイムが必要不可欠である。全ての対象者を同等に，即ち全く同じように扱うべきという従来の考え方から脱却し，不平等な立場におかれており，特別なニーズを抱えている人々に対して，格差ないしは制度的な差別を是正するために，特別な配慮をするというサービス理念が求められる。これは，単なる個別化とは異なる発想であり，ある特定の社会集団への属性を基に，その集団全体を取り巻く不利な社会状況を意味する抑圧状態に焦点を当てている考え方である。

　上述のマクロ・レベルの2点と並行して，ミクロ・レベルではソーシャルワーク専門職の力量向上が前提条件となる。第三の点として，社会福祉士がマニュアル化された制度運営の幅を超えて，文化的に多様な人々に対しても適切なアセスメント力をもち，質の高いソーシャルワーク支援を展開できる能力，正しく文化的な力量が必要になる。このような力量向上は，社会福祉士の専門職としての国内のレベルアップに結びつくのみでなく，第四の問題点であるグローバル時代に見合って国際的に通用する社会福祉人材の養成にも貢献できる。要するに，本研究の出発点の一つでもあった国内で軽視されてきているソーシャルワーク教育のグローバル・スタンダードを満たす教育の実現に向けて，特に多様性に関する基準に関して，一歩を踏み出す今後の必要性も無視できない。

　しかし，現在は厚生労働行政よりも，多文化共生の一環として「多文化ソーシャルワーク」の名の下で，総務省と文化的に多様な市区町村民の課題に直接的に向き合わざるを得ない自治体（例えば，外国人集住都市会議に参加している市や独特な歴史・文化的な背景のある北海道と沖縄県）が先行しているため，国家資格をもつ社会福祉専門職の教育が現場のニーズとかけ離れており，無資格の非専門職人材の教育及び活用よりも遅れている現状がある。職域に関わる縦割り行政のこの矛盾を解消するためにも，本書で取り組んできた文化的な力量の効果的なソーシャルワーク専門職教育プログラムの普及が期待できる。最終的には，上記の4点とも，ソーシャルワーク専門職によ

終章　本書の全体的な結論

る現在よりも広い裁量の範囲，実質的に社会福祉士がもつ権限の拡大につながる。文化の多様性への対応がこのような専門的な権限拡大を前提としていると同時に，文化的に多様な人々に対する適切なサービスのためにアドボケートすることが専門職の権限拡大，従って社会的な信用と地位の向上をもたらす可能性を秘めているという双方向の関係構造が存在する。本書で得られた成果は，この観点からの意義も高いと考えられ，価値を見出すことができる。

付録

1 — 1 文化的な多様性に関するソーシャルワーク教育のグローバル基準（英語原文及び和訳）

STANDARDS WITH REGARD TO CULTURAL AND ETHNIC DIVERSITY AND GENDER INCLUSIVENESS

With regard to cultural and ethnic diversity schools should aspire towards the following:

8.1 Making concerted and continuous efforts to ensure the enrichment of the educational experience by reflecting cultural and ethnic diversity, and gender analysis in its programme.

8.2 Ensuring that the programme, either through mainstreaming into all courses/modules and/or through a separate course/module, has clearly articulated objectives in respect of cultural and ethnic diversity, and gender analysis.

8.3 Indicating that issues regarding gender analysis and cultural and ethnic diversity, are represented in the fieldwork component of the programme.

8.4 Ensuring that social work students are provided with opportunities

付録

to develop self-awareness regarding their personal and cultural values, beliefs, traditions and biases and how these might influence the ability to develop relationships with people, and to work with diverse population groups.

8.5 Promoting sensitivity to, and increasing knowledge about, cultural and ethnic diversity, and gender analysis.

8.6 Minimising group stereotypes and prejudices[1] and ensuring that racist behaviours, policies and structures are not reproduced through social work practice.

8.7 Ensuring that social work students are able to form relationships with, and treat all persons with respect and dignity irrespective of such persons' cultural and ethnic beliefs and orientations.

8.8 Ensuring that social work students are schooled in a basic human rights approach, as reflected in international instruments such as the Universal Declaration on Human Rights, the United Nations Convention on the Rights of the Child (1989) and the UN Vienna Declaration (1993).[2]

8.9 Ensuring that the programme makes provision for social work students to know themselves both as individuals and as members of collective socio-cultural groups in terms of strengths and areas for further development.

付録

[1] While cultural sensitivity may contribute to culturally competent practice, the school must be mindful of the possibility of reinforcing group stereotypes. The school should, therefore, try to ensure that social work students do not use knowledge of a particular group of people to generalise to every person in that group. The school should pay particular attention to both in-group and inter-group variations and similarities.

[2] Such an approach might facilitate constructive confrontation and change where certain cultural beliefs, values and traditions violate peoples' basic human rights. As culture is socially constructed and dynamic, it is subject to deconstruction and change. Such constructive confrontation, deconstruction and change may be facilitated through a tuning into, and an understanding of particular cultural values, beliefs and traditions and via critical and reflective dialogue with members of the cultural group *vis-à-vis* broader human rights issues.

出典：IASSW, IFSW (2004) *Global Standards for the Education and Training of the Social Work Profession*, International Association of Schools of Social Work, International Federation of Social Workers.

文化的および民族の多様性ならびに
ジェンダー包括性に関する基準

　文化的および民族の多様性に関して，学校は下記に向かって目指すべきである。

8.1　その課程における文化的および民族の多様性ならびにジェンダー分析を反映することによって，教育経験の豊かさを確保するために，調和的・継続的努力をすること。

8.2　課程が，すべてのコース／モジュール方式へのメインストリーミングにより，そして／または分離したコース／モジュール方式により，文化的および民族の多様性，ならびにジェンダー分析に関して明瞭に表現された目標をもつことを保証すること。

8.3　文化的および民族の多様性，ならびにジェンダー分析に関する問題が，課程の実習内容に現れていることを示すこと。

8.4　ソーシャルワーク学生が自分自身の個人的及び文化的価値,信念,伝統,偏見に関して自己認識できるような機会を提供し，これらが人々との関係を作る能力や多様な対象者グループと作業する能力に，いかに影響を与えているかを自覚する機会を与えられることを保障すること。

8.5　文化的および民族の多様性，ならびにジェンダー分析についての感受性を高め，知識を増大すること。

8.6　グループの固定観念と偏見[1]を最小にし，人種差別主義的な行動，政策，

付録

構造がソーシャルワーク実践を通して再現されないことを保証すること。

8.7 ソーシャルワーク学生が，人の文化的および民族的信念と志向にかかわらず，尊重と尊厳をもってすべての人との関係構築と処遇ができるようにすること。

8.8 国際人権宣言，国連児童の権利条約（1989），国連ウィーン宣言（1993）[2]などの国際的協定書に反映しているような基本的人権のアプローチを，ソーシャルワーク学生が学ぶことを保証する。

8.9 課程は，ソーシャルワーク学生が，これから発達する力と領域であることを認識し，個人としても全体的な社会文化グループの一員としても自分自身を知る機会を与えられるよう保証すること。

[1] 文化的感受性は文化的コンピテント実践に役立つが，学校はグループ固定観念を強化する可能性を忘れてはならない。したがって，学校はソーシャルワーク学生が特定の人びとのグループについての知識をそのグループの中の個々の人に一般化する使い方をしてはならないことを保証するよう努めるべきである。学校はグループ内の差異と類似およびグループ間の差異と類似の両方に特に注目するべきである。

[2] そのようなアプローチは，ある種の文化的信念，価値観，伝統が人びとの基本的人権を侵すところでは，建設的な対決と変化を促進する。文化は社会的に作られダイナミックであるので，脱構築と変化が必要となる。そのような建設的対決，脱構築，変化は，波長を合わせること，文化的価値観，信念，伝統を理解すること，そしてより広い人権問題に対峙する文化的グループのメンバーと批判的で内省的な対話をすることで促進される。

出典：IASSW, IFSW (2004) *Global Standards for the Education and Training of the Social Work Profession*, International Association of Schools of Social Work, International Federation of Social Workers.（＝岩崎　浩三訳『ソーシャルワークの教育および養成のためのグローバル基準』国際ソーシャルワーク学校連盟・国際ソーシャルワーカー連盟）

付録

3 ― 1 オーストラリアにおける文化の多様性に関するソーシャルワーク教育基準（詳細項目の和訳のみ）

ソーシャルワーク資格課程における
具体的な異文化間カリキュラム内容の提示

1．態度と価値
 ⑴　個人及びその文化的アイデンティティの尊重
 ⑵　多様な文化的な経験の尊重及び共感
 ⑶　文化の多様性及びその複雑性の尊重
 ⑷　人権の様々な概念的な捉え方の理解及びその批判的な検討
 ⑸　個人及び専門職としての文化的な文脈に対する批判的な内省（critical reflection）の必要性の容認
 ⑹　文化的アイデンティティ及び経験の複雑性の容認
 ⑺　多様な文化集団がもつ豊富な知識及び能力の容認
 ⑻　多様な文化集団の社会的権力・地位の格差の認識，また差別や抑圧に挑戦する覚悟
 ⑼　多様な世界観のストレングス，またそれらの緊張関係と各文化に由来する側面の認識
 ⑽　文化的な理解の促進における対話の必要性の認識
 ⑾　実践が行われている国内の文脈及びその文化の多様性との接点の認識
 ⑿　文化的な文脈及び経験の流動性の認識
2．知識
 ⑴　社会的に構築・議論される概念である文化の批判的な捉え方

付録

(2) 民族，人種，多様性，差別，権力に関する理論の知識

(3) 抑圧のグローバルかつ歴史的な原因の理解

(4) アイデンティティ及び移住を理解するための理論の知識

(5) 文化的な経験の世代間の影響の認識

(6) 紛争，トラウマ，拷問が国際移住者に及ぼす影響の理解

(7) 文化的に安全で感受的な実践の理解

(8) 多様な文化集団を支援する主要な団体の知識

(9) 言語の壁の重要性と通訳及びバイカルチュラル（bicultural）のワーカーと協働する必要性の理解

(10) 多様な文化集団におけるソーシャルワーク・サービスに対する歴史的及び現代的な見方の理解

(11) 国内の移民の歴史及びその国家形成における重要性の理解

(12) 国内の文化の多様性と差別の歴史の理解

(13) 文化及び言語的に多様な集団のための定住等の支援サービスの知識

(14) 難民及び庇護希望者のための国際的な保護体制の知識

(15) 国際政治及び情勢，またそれらの移民及び難民政策と社会情勢に及ぼす影響の理解

(16) 福利の問題を含め，多くの人々が社会において経験している言語及び世界観の壁の理解

3．技術

(1) 個人及び専門職としての文化的アイデンティティ，またそれらのソーシャルワーク実践へ及ぼす影響に対する批判的な内省

(2) 文化的に感受的で，かつ安全な実践に従事できる能力に影響を及ぼす組織的及び社会的な要因に対する批判的な内省

(3) 文化的に丁寧で，かつエンパワーする実践に関する継続的な学習への取り組み

(4) 効果的なソーシャルワーク実践において自分の文化的アイデンティティの活用

付録

(5)　異文化間場面における批判的で，かつ柔軟で，また好奇心に満ちた関わり方

(6)　文化的に多様な背景をもつ人々との信頼・共感関係の形成

(7)　クライエントの成功を妨害する言語の壁のアセスメント，また適切な支援過程及びサービスへのアクセス

(8)　通訳及びバイカルチュラルのワーカーとの効果的な協働

(9)　文化的に丁寧で，かつ明確な対話による効果的なコミュニケーション

(10)　効果的なコミュニケーションの壁のアセスメント及び解決

(11)　包括的なアセスメントの一部として，クライエントの文化的な文脈及び経験のアセスメント，またそれらが現在の福利及び諸課題へ及ぼす影響の理解

(12)　文化的に丁寧で，かつ社会的に公平な方法で，クライエントと協働の，かつクライエントのためのアドボカシー

(13)　文化的に多様な人々及び集団のための社会変革と社会正義に向けて，全てのソーシャルワーク実践方法の活用

(14)　実践における異文化間課題に対する批判的な内省のためにスーパービジョンの活用

出典：AASW (2009) *Statement of Specific Cross-Cultural Curriculum Content for Social Work Qualifying Courses*, Australian Association of Social Workers.

付録

4—1 ラムによる文化的な力量の自己アセスメント・テストの日本語版

ソーシャルワークにおける文化的な
対応能力の自己アセスメント・テスト

　このテストは，あなたの文化的な対応能力（文化的に異なる人々に対応する能力）を測定するものです。自分がもっている文化的な対応能力の各要素のレベルを質問項目毎に1〜4まで評価してください。「1＝あてはまらない，2＝あまりあてはまらない，3＝ややあてはまる，4＝あてはまる」の中から適切な番号に〇をつけてください。

【用語説明】
　文化的に多様な社会集団・クライエント等　あなた自身が考えている「日本文化」だけに属しないと思われる日本の住民を指しています。（例えば，様々な在日外国人，アイヌに代表される先住民族，国際結婚で生まれた人たちや帰化者・帰国者のように外国に文化的な背景をもつ日本人などが含まれていると考えることができます。）

I．文化的な認識について

1．私は，自分が属する文化に関連する今までの個人的な人生経験（例えば，家系，家族及び地域の行事，信仰，慣習）を認識しています。

　　1＝あてはまらない　2＝あまりあてはまらない　3＝ややあてはまる　4＝あてはまる

付録

2．私は，文化や民族の異なる個人，家族，集団と関わりをもっています。

1＝あてはまらない　2＝あまりあてはまらない　3＝ややあてはまる　4＝あてはまる

3．私は，文化や民族の異なる人々との出会いにおける良い経験と悪い経験について認識しています。

1＝あてはまらない　2＝あまりあてはまらない　3＝ややあてはまる　4＝あてはまる

4．私は，人種主義，偏見，差別に関する自分の意識，感情，行動をどのように分析すればいいのか分かります。

1＝あてはまらない　2＝あまりあてはまらない　3＝ややあてはまる　4＝あてはまる

Ⅱ．知識の習得について

5．私は，次の用語を理解しています：民族的マイノリティ，多文化主義，多様性，人種的マイノリティ。

1＝あてはまらない　2＝あまりあてはまらない　3＝ややあてはまる　4＝あてはまる

6．私は，いくつかの文化的に多様な社会集団の人口統計的な特徴（人口比など）を知っています。

1＝あてはまらない　2＝あまりあてはまらない　3＝ややあてはまる　4＝あてはまる

7．私は，文化的な多様性についてクリティカル・シンキング（充分な理解を踏まえた自分なりの考え方）を身につけています。

付録

1＝あてはまらない　2＝あまりあてはまらない　3＝ややあてはまる　4＝あてはまる

8．私は，抑圧（差別）の歴史と文化的に多様な社会集団の歴史を理解しています。

1＝あてはまらない　2＝あまりあてはまらない　3＝ややあてはまる　4＝あてはまる

9．私は，文化的に多様な価値観について知っています。

1＝あてはまらない　2＝あまりあてはまらない　3＝ややあてはまる　4＝あてはまる

Ⅲ．スキルの向上について

10．私は，文化的に多様なクライエントがもっている抵抗感にどのように対処し，コミュニケーションの壁をどのようになくせばいいのか分かります。

1＝あてはまらない　2＝あまりあてはまらない　3＝ややあてはまる　4＝あてはまる

11．私は，文化的に多様なクライエントの個人的及び家族的な背景情報をどのように入手し，クライエントの民族的なアイデンティティと社会集団への帰属意識をどのように判断すればいいのか分かります。

1＝あてはまらない　2＝あまりあてはまらない　3＝ややあてはまる　4＝あてはまる

12．私は，民族集団の概念を理解し，それにおける文化的に多様なクライエントとの関係構築の手順及びマナーを守ることができます。

付録

1＝あてはまらない　2＝あまりあてはまらない　3＝ややあてはまる　4＝あてはまる

13. 私は，文化的に多様なクライエントに対して専門的な自己開示（感情，意見などの表出）を用いることができます。

   1＝あてはまらない　2＝あまりあてはまらない　3＝ややあてはまる　4＝あてはまる

14. 私は，肯定的でオープンなコミュニケーション・スタイルをもち，開かれた質問などの受け答え方を用いることができます。

   1＝あてはまらない　2＝あまりあてはまらない　3＝ややあてはまる　4＝あてはまる

15. 私は，クライエントが抱える問題に関する情報をどのように入手し，問題の表出をどのように支援し，問題に対する理解をどのように促せばいいのか分かります。

   1＝あてはまらない　2＝あまりあてはまらない　3＝ややあてはまる　4＝あてはまる

16. 私は，クライエントが抱える問題を，叶えられていない希望（ワント，want）あるいは満たされていない必要（ニード，need）として捉えることができます。

   1＝あてはまらない　2＝あまりあてはまらない　3＝ややあてはまる　4＝あてはまる

17. 私は，クライエントが抱える問題をミクロ・メゾ・マクロの各レベルでどのように解釈すればいいのか分かります。

付録

1＝あてはまらない　2＝あまりあてはまらない　3＝ややあてはまる　4＝あてはまる

18. 私は，クライエントが抱える問題の社会的背景（人種主義，偏見，差別）
とそれらの実際の現れ方（抑圧，無力，ステレオタイプ，文化変容，搾
取の状態）をどのように解釈すればいいのか分かります。

1＝あてはまらない　2＝あまりあてはまらない　3＝ややあてはまる　4＝あてはまる

19. 私は，クライエントが抱える問題の詳細をどのように明らかにすればい
いのか分かります。

1＝あてはまらない　2＝あまりあてはまらない　3＝ややあてはまる　4＝あてはまる

20. 私は，クライエントが受ける社会的（環境的）な影響，それに対するク
ライエントの心理的（個人的）な反応，またクライエントの文化的なス
トレングスをどのようにアセスメントすればいいのか分かります。

1＝あてはまらない　2＝あまりあてはまらない　3＝ややあてはまる　4＝あてはまる

21. 私は，文化的に多様なクライエントの身体的，心理的，社会的，文化的，
スピリチュアルな次元をどのようにアセスメントすればいいのか分かり
ます。

1＝あてはまらない　2＝あまりあてはまらない　3＝ややあてはまる　4＝あてはまる

22. 私は，クライエントと一緒に，文化的に受け入れやすい共通の目標をど
のように立て，合意をどのように形成すればいいのか分かります。

付録

1＝あてはまらない　2＝あまりあてはまらない　3＝ややあてはまる　4＝あてはまる

23. 私は，クライエントの文化的なニーズに対応する，また移民や難民のような特別なニーズをもつ社会集団に対応するミクロ・メゾ・マクロ各レベルの介入計画をどのように立てればいいのか分かります。

1＝あてはまらない　2＝あまりあてはまらない　3＝ややあてはまる　4＝あてはまる

24. 私は，次のような援助過程の評価段階をどのように始めればいいのか分かります：クライエントを民族集団の社会資源とつなげる，援助過程におけるクライエントの重要な成長発達の過程を検討する，目標達成度を評価する，フォローアップ計画を立てる。

1＝あてはまらない　2＝あまりあてはまらない　3＝ややあてはまる　4＝あてはまる

ご協力ありがとうございました。

付録

5—1 | 文化的な力量に関する教育プログラムの導入編（バリアフリー様式）

導入編

導入編の構成①

- 全体の目的と流れ

- 自己紹介とSWにおける文化的多様性

- 日本における必要性の理由

- SWの国際定義と文化的な違いの捉え方

導入編の構成②

- 「文化的な対応能力」枠組みについて

- 質疑応答

- 基本ルールの設定

全体的な目的

- 参加者の「文化的な対応能力」の向上

- 具体的には：
① 文化的な気づき（認識）
② 文化的な知識
③ 文化的なスキル（技術）

二日間の流れ①

<u>1日目</u>

- 調査票の記入

- 午前：導入と自己紹介

- 午後：様々な文化的な気づきを促すワーク

二日間の流れ②

<u>2日目</u>

- 午前：文化的な知識（講義中心）

- 午後：文化的なスキル（講義中心）

- 調査票の記入

※ ずれる可能性あり

付録

自己紹介①

- 高校 → 大学 ＝ ハンガリー → 日本
- ＠日本：経済学 → 社会学
- 福祉社会学 → 社会福祉学 ＝ 東大 → 社大
- ＠社大：社会福祉 → SW

自己紹介②

- 日本には昔から先住民族（アイヌ）や旧植民地出身者（在日コリアン）もいて、20～30年前からNCrも増えてきて、そして様々な福祉的な課題も抱えているにも関わらず、SW実践でも教育でも<u>不可視化</u>されてきたことに疑問

↓

多文化SWの実践と教育に関する研究

SWの誕生と文化的に多様な人々
（歴史的動向、時間軸）

- 英国で生まれ、米国で育った対人援助専門職
- 初期から移民、後に少数及び先住民族の問題に取り組み（M. リッチモンド、J. アダムズ）
- 子ども、貧困層、障がい者などのように、文化的に多様な人々も不利益を被りやすいSWの対象となる要配慮の社会集団として位置づけ

世界のSWと文化的に多様な人々
（国際的動向、空間軸）

- 国際専門職団体（IA・IF）はSW実践・教育における文化的多様性について諸基準を制定
- 実際に、日本以外のOECD諸国では、専門的なSW実践・教育の基礎的な一部
- 近年は、韓国でも「多文化家族支援」を中心に確立開始

日本のSWと文化的に多様な人々
（国内動向、空間軸）

- SW専門職の倫理綱領には記述（参考資料）
- 養成教育（カリキュラム）に欠如、国際基準に対応せず
- 実践は、有資格のSWrよりも、「非専門家」でありながら、当事者も含むNGO職員、ボランティアなどのSW実践者によって展開

日本における必要性の理由

1. 日本社会の文化的多様化
2. 文化的に多様な人々の周縁化
3. SW専門職の倫理的責任
4. 国際基準への対応

SWの国際定義

SW専門職は、人間の福祉（ウェルビーイング）の増進を目指して、社会の変革を進め、人間関係における問題解決を図り、人びとのエンパワーメントと解放を促していく。SWは、<u>人間の行動と社会システムに関する理論を利用して、人びとがその環境と相互に影響し合う接点に介入する</u>。人権と社会正義の原理は、SWの拠り所とする基盤である。

by IFSW & IASSW

SWの人間観・援助観

- 社会的存在としてのヒト（homo sociologicus）
- 「環境の中の個人」
- 人とその環境の相互作用に働きかけ

SW実践における文化的な違い①

- 直接環境と社会全体という二重性（CSWE）

SW実践における文化的な違い②
（文化的アイデンティティ・環境）

A) 個別要素：Ctの文化（世界観、資源）の理解

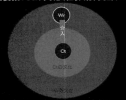

SW実践における文化的な違い③
（差別・抑圧的な社会環境）

B) 構造的要素：マイノリティという立場の理解

文化な対応能力について①

　異文化間の援助場面において<u>効果的に対応できる能力</u>

by NASW

主体：
- <u>ミクロ：個人（ある特定のSWr）</u>
- メゾ：組織（サービス機関）
- マクロ：社会（制度体系）

文化な対応能力について②

「文化」とは、人の集団がもつ独自な生活様式と共有された価値観、信念、意味である。

by AASW

いくつかのポイント：

- ハード面よりソフト面に注目

- 表面的な行動の背景に考え方（氷山、OS）

文化な対応能力について③

- 自分にも自分の文化が見えない（空気、水）

- 物事を認識する枠組み（フィルター、色眼鏡）

- 一言でいうと「世界観」（今日のキーワード！）

- 固定ではなく、流動的（ファッション、流行）
  → ただし、単に変化 ≠ 発展、進化！
- 世代間継承を付け加えるか？

文化な対応能力について④

「対応能力」とは、ある特定の実践場面において効果的に対応できる能力（NASW）；測定可能な実践行動（機能）の集合体（CSWE）

「対応能力要素」の3領域：
- 認識（気づき、意識）、あるいは態度・価値
- 知識
- スキル（技術）
+ 学習

文化な対応能力について⑤

- 文化的な認識：自己認識と他者認識
- 文化的な知識：関連情報体系、理論的な基盤
- 文化的なスキル：「認識と知識の活用」、援助過程における様々な実践原則
+ 帰納的／継続的学習

ラムによる枠組みにおける24対応能力要素

付録

5―2 文化的な力量に関する教育プログラムの認識編（合計9ワーク）

第一印象（ワーク1）

目的：1．お互いに知り合う

2．安易な観察の限界を知る

① あまり親しくない人とペアを組んで，お互いと話す前に，相手が好きそうな事／物（例えば：色，趣味，食べ物など）について次の表の最初の二列目を記入して下さい。

相手が好きそうな事／物	そう思った根拠	相手の反応

② 話し合って，お互いの観察について意見を述べて下さい。

付録

私の名前（ワーク2）

目的： 1．お互いに知り合う

2．自分の文化的アイデンティティについて考える

　自分の名前について語って下さい（由来，経験談，思い，家系の歴史など）。

文化のあらゆる側面（ワーク3）

目的： 1．文化の範囲の広さ，様々な側面を理解する

2．属する文化のいくつかの側面を言語化して説明する

　日本（あるいはあなたの出身国）の人々に共通している具体例を一つずつ書いてください。

1．表情と身振り

2．宗教・信仰

3．時間感覚

4．年間行事・習慣

5．倫理・正義（公平や平等とは？）

6．食べ物

7．家族の範囲・役割

8．自然界への思い

9．仕事観

10．服装

11．距離感／プライバシー

12．年齢に対する態度

付録

私の文化（ワーク４）

目的：1．内在化された文化の概念を理解する

2．属する文化の自分にとっての意味について考える

　次の質問に簡単に答えて下さい。なるべく具体的なことを一つずつ書くようにしてください。また，それぞれの項目をあなたの文化における重要性によって「1」から「10」まで評価して下さい（「1」が最も重要）。

評価

（1 — 10）

- ☐　何語を話しますか。
- ☐　宗教・信仰は何ですか。
- ☐　どのような音楽を聴きますか。
- ☐　どのような食べ物を食べますか。
- ☐　特別な機会にはどのような服を着ますか。
- ☐　あなたにとって大切な年間行事・習慣は何ですか。
- ☐　あなたの家では礼儀正しい振る舞い方は何ですか（例えば食事の時，お客に対してなど）。
- ☐　あなたの生活において，核家族（両親，子ども）を超えた拡大家族（祖父母，いとこなど）は重要な役割を果たしますか（連絡，会う頻度など）。
- ☐　あなたの価値観では「正しいこと」と「正しくないこと」は何ですか。
- ☐　あなたが一番大切に思っているのは何／誰ですか（人物，趣味，価値，目標など何でも）。

付録

文化の異なる人々との経験（ワーク5）

目的：1．関わりの度合いを振り返る

*　　　2．具体的な出会い経験を認識する*

① 自分の人生を振り返って，文化の異なる人々との関わりに関する次の表を記入して下さい。あてはまる欄に，具体的にどのような文化か明記して下さい。

関わり程度	場面			
	近所	学校	社会活動	仕事
なし				
低				
中				
高				

② 文化の異なる人々との今までの出会い経験は，全体的にどちらかというとどうでしたか？

*　　1＝良かった　　　2＝悪かった　　　3＝両側面があった*

③ もしあれば，それぞれの具体例を示して下さい。

　1．良い経験：

　2．悪い経験：

　3．両面的な経験：

付録

一般化とステレオタイプ（ワーク6）

目的：1．一般化とステレオタイプの関係について考える

2．ステレオタイプ化の予防策として一般化の回避の仕方を学ぶ

3．ステレオタイプと偏見・差別の関係を理解する

　次の文を読んで，それぞれについて例のようなことを考え，適切だと思う欄にチェック（☑）を入れて下さい。

例：日本人はお米を食べます。　→　全ての日本人はお米を食べます。

ほとんどの日本人はお米を食べます。

多くの日本人はお米を食べます。

お米を食べる日本人もいます。

	全ての〜	ほとんどの〜	多くの〜	〜もいます	分からない
1．ラテン系の人は家族を大切にします。					
2．アジア人は時間を守りません。					
3．フィリピン人は教会に通います。					
4．中国人は大きな声で話します。					
5．ブラジル人は明るい性格です。					
6．欧米人は思ったことを言います。					
7．東洋人は勤勉です。					

付録

ある場面の解釈（ワーク7）

目的：1．異文化間理解は解釈が重要であることを理解する

　　　2．同じ場面を異なる文化の視点（文脈）で解釈することを学ぶ

　　　3．文化的文脈と偏見・差別の関係について考える

　それぞれの場面の記述を読んで，例のように自分の率直な反応・解釈を書いて下さい（これは自分の価値観などを反映するものになります）。

例：若い男性と女性は手を繋いで歩いています。

　　あなたの反応・解釈は：

　　（例えば）付き合っているカップルです。仲良さそうで，うらやましいです。

1．ある人は開始時刻30分後にミーティングに来ました。

　　あなたの反応・解釈は：

2．試験中に，ある学生は隣の人の答えを写しています。

　　あなたの反応・解釈は：

3．ある女性は両手にとても重そうなレジ袋をもって歩いているが，付き添いの男性は手ぶらです。

　　あなたの反応・解釈は：

付録

続いて，同じ記述を読んで，他の文化に属する人の反応・解釈を書いて下さい。それぞれの項目が示す文化的な文脈で考え，あり得る反応・解釈を想像してみて下さい。

例：若い男性と女性は手を繋いで歩いています。

公の場で異性の接触が見られない国からの人なら，この場面をどのように解釈するのでしょうか。

その反応・解釈は：

（例えば）非常に乱れている二人です。いい加減周りの誰かが注意してくれないか。

1．ある人は開始時刻30分後にミーティングに来ました。

約束した時間より1～2時間も遅く行くことが当たり前になっている文化の人なら，この場面をどのように解釈するのでしょうか。

その反応・解釈は：

2．試験中に，ある学生は隣の人の答えを写しています。

友達を助けるのが期待され，シェアすることが規範となっている文化の人なら，この場面をどのように解釈するのでしょうか。

その反応・解釈は：

3．ある女性は両手にとても重そうなレジ袋をもって歩いているが，付き添いの男性は手ぶらです。

買い物は完全に女性の仕事となっている文化に属する人なら，この場面をどのように解釈するのでしょうか。

その反応・解釈は：

付録

レッテル貼り（ワーク8）

目的：1．存在するステレオタイプを探す

2．ステレオタイプ化と偏見，差別，抑圧の仕組みを理解する

3．ステレオタイプが自分と自分の実践へ及ぼす影響について考える

① 下記の人物に関する社会の中にあるステレオタイプを集めて下さい（メディアなどで聞いたことがあるもの）。

② 最もよく聞くステレオタイプに配布の黒いシールを貼ることで，それぞれのステレオタイプについて，社会における普及度をアセスメントして下さい（シールは人物毎に2枚まで）。

③ 自分が信じてしまっているかもしれないステレオタイプに配布の赤いシールを貼ることで，それぞれのステレオタイプについて，自分の内在化の度合いをアセスメントして下さい（シールは人物毎に2枚まで）。

④ 最後に，目の前にクライエントとして現れたら，自分が最も嫌な気持ちになるかもしれない人物を選んで，なぜ嫌なのか考えてみて下さい。

・空港で見かけたアラブ人男性

・生活保護を受給する在日コリアン男性

・教会に通うフィリピン系の女の子

・ゲイバーで働くタイ人男性

・ソーシャルワーカー

・チラシを配るアフリカ系男性

・牛丼屋で働く中国人女性

・不登校の日系ペルー人青年

・派手な化粧をしたインド人女子高生

・ブランド品をもった東南アジア系の女性

・出稼ぎ日系ブラジル人男性

付録

パワー（ワーク9）

目的：1. 自分の個人的及び専門的人生におけるパワー（権力）について考
える

2. パワーのあらゆる形態と相対性を理解する

3. 自分がもつパワーを認識する

　これから読んでいく場面において自分はどれぐらいパワーをもっているか
考えて，スケールのあてはまる位置についてください。この課題は，「正し
い答え」や「正しくない答え」があるわけではありません。自分なりによく
考えることが重要です。位置についたら，周りをよくみて，他の皆さんはど
こに立ったか考えてみてください。同じ場所に何人立っても構いません。パ
スしてもいいですが，パスした理由を自分の中ではっきりさせてください。

付録

課題①

まずは、自分の日々の生活において感じているパワー（社会的な影響力）のレベルのところに行って下さい。

課題②

次に、あなたはそろそろマイホームを手に入れたい新婚のサラリーマンだとしましょう。一通り今後の選択肢を考えるために、とりあえず近所の不動産屋さんを訪ねました。まだこの不動産屋に決めたわけではありません。

この場面ではどれぐらいパワーを感じますか。

課題③

あなたは子ども二人を育てるタイ人のシングル・マザーだとしましょう。日本人夫にDVを受けたため、しばらくシェルターに入っていましたが、これからは自立したいです。賃貸アパートを探すために、近所の不動産屋さんを訪ねました。

この場面ではどれぐらいパワーを感じますか。

課題④

あなたは普段車椅子で移動しているとしましょう。友達とコンサートに行くことになっています。コンサート・ホールにはエレベーターがあると事前に調べましたが、行ってみたら故障中でした。車椅子ではなかなか入れないみたいです。

この場面ではどれぐらいパワーを感じますか。

課題⑤

あなたは日系人二世の女性と結婚している出稼ぎのブラジル人男性だとしましょう。都内の病院に入院中の奥さんのお見舞いに行く途中です。人混みの中で駅前の交番のお巡りさんにいきなり身分証明を出すように言われました。

この場面ではどれぐらいパワーを感じますか。

課題⑥

あなたは福祉事務所で働いているソーシャルワーカーだとしましょう。路上で生活しているホームレスの男性が窓口に来ました。男性の強い臭いが気になります。彼は金銭的な支援を必要としているようです。

この場面ではどれぐらいパワーを感じますか。

付録

課題⑦

　あなたは一五年以上建設現場の仕事で家族を養ってきたスリランカ人男性だとしましょう。奥さんはフィリピン人で、子どもたちは無国籍です。日本には在留資格も、健康保険もありません。一番小さい子が原因不明で急に具合が悪くなって、すぐ病院に行かなければなりません。

　この場面ではどれぐらいパワーを感じますか。

課題⑧

　あなたは大学に通う同性愛者の男性だとしましょう。ゲイであることを隠していて、一般的にカミングアウトしていません。サークルの先輩は、飲み会の席で同性愛者を貶す冗談を言いました。周りはみんな笑っています。

　この場面ではどれぐらいパワーを感じますか。

課題⑨

　あなたは日本人女性と結婚しているナイジェリア人男性だとしましょう。奥さんが役所で一方的に離婚を進めていることを知りました。離婚が成立すれば、日本での在留も延長できず、自分の子どもにも一生会えなくなるおそれがあります。

　この場面ではどれぐらいパワーを感じますか。

課題⑩

　あなたは日本社会事業大学の学部生だとしましょう。ある先生の授業での発言は女性に対して非常に侮辱的だと感じました。

　この場面ではどれぐらいパワーを感じますか。

課題⑪

　あなたは日本人夫と別れて、生活保護を受けているウクライナ人のシングル・マザーだとしましょう。保護費の計算が納得いきません。質問しようとしたら、ケースワーカーに「あなた外人なんだから、もらっているだけで良かったとありがたく思って、静かにしなさい。」と言われました。

　この場面ではどれぐらいパワーを感じますか。

課題⑫

　最後に、もう一回自分の日々の生活において感じているパワーのレベルのところに立って下さい。

付録

5-3 文化的な力量に関する教育プログラムの知識編（バリアフリー様式）

知識編

知識編の構成①
- 基礎的な用語
- 日本における多様な人口と社会指標
- 多様な人々の立場
- クリティカル・シンキング

知識編の構成②
- 多様化と抑圧の歴史
- 文化的に多様な価値
- 質疑応答は随時

基礎的な用語①
(人間の)多様性
- 人々の差異と共通点（の理解・促進）
- （集団）内部の多様性、交差性・多重性
- 文化、人種、民族の他にジェンダー、性的指向、年齢、障がいの有無など

マイノリティ
- 人口的に少数のため、あるいは権力を奪われたため、社会的に弱い立場にいる集団（女性）

基礎的な用語②
多文化主義（多文化共生）
- 社会における文化的な多様性の容認・評価
- 隔離 → 同化（坩堝） → サラダボウル
- 1970年代のカナダやオーストラリア
- → 統合主義（EU）

日本における多様な人口①
「日本文化」だけに属しない日本の住民

外国籍者
- 長期的な増加と定住化

帰化と国籍取得
- 年間1.5万前後　　　　　　　（資料）

付録

日本における多様な人口②

国際結婚における出産
- 年間2万件前後

非正規滞在者
- 約6万人に減少

先住民族
- アイヌと琉球の人々

多様な人々の立場①

1. 日本国籍者
   a. 先住民族
   b. 帰化者
   c. 国際結婚における出産
   d. 帰国生
   e. 帰国者
2. 特別永住者
3. 永住者　　　　　　　　　　　（資料）

多様な人々の立場②

4. 定住者
5. 日本人の配偶者等
6. 就労者
7. 留学生等
8. 短期滞在等
9. 研修生等
10. 難民申請者
11. 非正規滞在者

全国平均と異なる社会指標

様々な間接的な統計からみえる周縁化

- 貧困：高い低所得率、高い生活保護受給率、高い失業率（解雇率）
- 再生産（世代間連鎖）：低い高校・大学進学率
- その他：DV被害など

（参考書：国連、日弁連、移住連、北大、都）

クリティカル・シンキング①

知見について考え、それを吟味するための基準をもった物事の捉えかた

唯一の決定的な答えや解決の存在しない状況、現象、課題、矛盾について何を信じるか、信じないのかを決めるプロセス（過程）

問題の性質の分析と因果関係の理解に向けた純粋な探究

クリティカル・シンキング②

一般的な方法

- 問いの形成と分析
- 論説の分解（視点、構成概念、仮定、論理展開、解釈、意味、影響など）
- 理論の区別
- 理論の形成

付録

クリティカル・シンキング③

理論とは、ある対象領域に関する組織化された
原則の集合体

SW理論の種類
(アプローチ、実践モデル、パラダイム)

- マクロ(グループ、コミュニティのレベル)

- ミクロ(個人、家族のレベル)

クリティカル・シンキング④

SW理論に対して求められる能力

- 理論の理解
- 理論の分解
- 実践に及ぼす影響の想定
- 理論を評価するための基準の制定と活用
- 論理展開の誤りの発見

クリティカル・シンキング⑤

理論を評価する方法
(文化的な多様性の視点から)

- 歴史:なぜ、どのように発展してきたか
- 仮定:何が前提になっているか(「当たり前」)
- 論理的な欠陥:矛盾、展開の誤りはあるか
- 実践的な活用:現場でどのように役立つか
- 強みと弱み:他理論との比較
- 実践上のジレンマ:特定の場面に使えるか

多様化の歴史①

- **明治維新以降:**国民国家形成の過程におい
  て、北海道開拓と沖縄征服による「和人」(大
  和民族)でない人々の受け入れ(強制的)を
  通じて近代社会の多様化が開始

- **帝国主義の時代:**当時の植民地出身者の日
  本列島への流入(一部強制的)

多様化の歴史②

- **高度経済成長期まで:**相当な移民送り出し

- **70年代後半以降:**外交的な動きの中で、イン
  ドシナ難民(外圧)と中国帰国者の受け入れ

- **80年代後半:**国際経済の発展と人の国際移
  動の活発化の中で、バブル経済の下で単純
  労働力不足に対して超過滞在者の増加

多様化の歴史③

- **90年代前半:**労働力不足による非正規就労
  問題の対策として入国管理法が改正され、日
  系中南米人(血統主義)と外国人研修生・技
  能実習生の積極的な受け入れの開始

- ※ 労働者の流入とは別に、またはその延長線
  上(興行ビザ)に国際結婚及びそれにおけ
  る出産、国際的な家族統合の増加(「管理
  できない移民」)

付録

251

抑圧の歴史①

抑圧とは、*資源へのアクセスと公平で平等な活躍の場の構造的な剥奪*

- 労働力や土地の搾取

- 強制移住や移住の禁止

- 隔離及び社会サービスからの排除

抑圧の歴史②

- 権利獲得闘争や運動

- 貧困、家族の解体、社会的不適応といった現在における不利

- その他(虐殺、同化政策など)

(例:アイヌ有識者懇談会報告書)

文化的に多様な価値①

「価値」とは、*振る舞い方、人生における決断、そして関連する規範的な行動(外面)を左右する好ましい選択に関する信条(内面)*

お互いに影響し合う3レベル
- 社会制度的~(公共)
- 個人的~(好み、小集団の決まりごと)
- 文化的~(民族、宗教などの文化に由来)

文化的に多様な価値②

家族
- 家族の範囲と権力構造
- 共存と協働の度合い

敬意
- 対象(先祖や特定の世代、職業)
- マナー(呼び方、挨拶など)

文化的に多様な価値③

調和
- 感情や考え方の一致、合意
- 対人関係における対立の回避の度合い

スピリチュアリティ
- 人生の意味、目的の感覚、信仰
- 道徳観、倫理観
- 組織的宗教、様々な儀式

文化的に多様な価値④

協働
- 共通の目的の感覚
- 共同の資源管理
- 助け合い(拡大家族、教区、地域)
- 権利擁護(獲得)組織(運動)

5—4 文化的な力量に関する教育プログラムの技術編（バリアフリー様式）

スキル編

援助過程の段階
① 関係構築
② 問題の特定
③ アセスメント
④ 介入
⑤ 評価

スキルの種類
過程的
・援助過程の各段階の促進

概念的
・ケースのあらゆる実態の分析

人格的（Ctとの「相性」の改善）
・Wr自身の行動の変化、個人的な成長

関係構築①
ミニ・マックスの原則
・抵抗感の最小化、動機づけの最大化
・Wrの態度（オープンさ、関わりたい気持ち）

コミュニケーションの壁
・礼儀正しさ
・Ctの文化について質問（関心の表明）
・言語や態度的な障壁の軽減

関係構築②
帰属コミュニティの理解
・人口的特徴、文化・経済・社会的傾向と指標
・歴史と社会問題
・情報源：リーダー、各種報告書
・参与観察：エスニック店の訪問、様々なイベントへの参加
⇒ 情報収集と信頼関係の構築
※ Ctの自分の文化的コミュニティへの関わり方の度合いの判断（頼りになるか）

関係構築③
手順とマナー
・文化特有の正式な関わり方、敬意の表明
・挨拶、世間話、最近の事情
・直接的に話題に入らない
・家族、コミュニティのキーパーソンとの関わり
・「伝える」よりも「お願いする」
・秘密厳守の保障
・援助関係の構成

関係構築④

専門的な自己開示（「自己」の専門的な活用）
- 「専門家の壁」を突き破り、人間的な関わり
- 共通点の表明（関心領域）
- 逆に、専門性の強調が安心を与える場合も
- Ctの背景から共通話題を探す
- 自己紹介→専門性の紹介→共通点
※ 最初は問題領域は避ける！
- 関心（趣味）→感情（共感）→問題（次段階）

関係構築⑤

効果的なコミュニケーション
- 組織環境からして肯定的なメッセージを発信
- 物理的環境、人員配置（通訳）
- 身振り（対人空間の障害物を避ける）
- 接触（握手など）、目線
- Ct自身か、もしいれば同背景の人に聞く

関係構築⑥

通訳について
- 専門的な教育・研修の必要性
- 通訳を介してもCtと関わる（フィードバック）
- 狭いコミュニティの場合のプライバシー
- 抱えている問題の文化的な意味の配慮
- 通訳本人にとっての負担（子ども）

関係構築⑦

聞き取り方法とあいづち
- 開かれた質問の利用
- 各種の聞き取り反応（SUPIE）：
Supportive　サポート（別の言葉で繰り返す）
Understanding　理解（Ctが捉える意味、認識）
Probing　探索（情報収集、開かれた／閉じた）
Interpretive　解釈（実態の整理）
Evaluative　評価（「診断」、選択・方向の提示）

関係構築⑧

概念的スキル
- エスノグラフィーの手法（記録）
- 白紙の状態からCtから帰納的に学ぶ

人格的スキル
- Wr自分の主観的感情の確認
- お互いに与えた第一印象に関する内省
- 第三者の意見（SVr）

問題の特定①

問題の表出
- 恥、戸惑い、秘密保持などのため困難かも
- Ctの努力、発信するサインに注意（間接的な質問、曖昧な表現）
- このようなサインを読んで、仮設を立て、Ctに確認
- 純粋で暖かい関心を示す（例えば家族について質問など）

付録

問題の特定②

問題志向
- 問題の病理として否定的にみない
- 叶えられていないワンツ、あるいは満たされていないニーズとして見直し
- ⇒ 成長の可能性として肯定的に再認識
- ⇒ Ctが自分がもっているストレングスや資源を活用するための出発点

問題の特定③

問題の各レベル
- マクロ:制度・文化の壁(サービス適用、差別、法的規制、言語など)
- メゾ:家族などの小集団の緊張(役割の逆転、責任など)
- ミクロ:上記の個人への負担

問題の特定④

問題の文脈
- 人種主義(認知面)、偏見(情緒面)、差別(行動面)、抑圧(構造面)
- 上記の様々なダイナミックス(力学)とCtへの影響の解釈
- これらに関するCt自身がもつ人生経験の帰納的理解

問題の特定⑤

問題の詳細
- 文化的に多様な人々の問題は幅広い(移住過程の問題、文化的アイデンティティの葛藤、適応のストレスなど)
- 時間が必要
- 問題はいつ、どこで起きていて、だれが関わって、何が主な課題か

問題の特定⑥

概念的スキル
- エスノグラフィーの手法
- Ct自身による問題の捉え方(言語表現)
- Ctの文化に固有の特徴的な問題対処法について、もしいれば同背景の人に聞く

人格的スキル
- Wrの問題に対する反応の確認
- 問題の文化的な影響の理解

アセスメント①

心理社会的視点
- 社会=環境的な影響
- 心理=それに対する個人的な反応
- ストレス要因(文化変容、経済的・適応の問題)
- コーピング
- 反応(精神症状、アイデンティティの葛藤)

付録

アセスメント②

ストレングス(コーピング能力、資源)
- 文化的・スピリチュアルなもの
- 内面:宗教的信仰、民族的な誇りなど
- 外面:家族やコミュニティの各種資源

文化的なアセスメント
- 身体的・心理的・社会的 ＋
- 例えば:文化的アイデンティティ、Ctの文化における様々な疾病などの問題の解釈

アセスメント③

スピリチュアルなアセスメント
- 信仰(内面)と宗教(外面)
- これらのCtの現在と過去の人生における役割の把握

概念的スキル
- エコロジカル視点とシステム理論の活用

アセスメント④

例:「ケース理論」(介入の論理基盤)
- Ctと問題の実態の仕組みを説明
- 背景情報、観察、専門的な文献を基に

人格的スキル
- 意識的に、否定的な側面(病理)よりも肯定的なもの(ストレングス)に注目
- Ctの力への信頼

介入①

目標設定と合意形成
- 文化的に受け入れ可能なもの
1. 成果目標(Ctが言語化、優先順位)
2. 期待する行動の変化(Ctの具体的な意思)
3. 目的課題(途中のステップ)
4. 契約(関係者の参加・議論、図式化、書面か口頭で具体的に言語化)

介入②

包括的な介入計画
- パワーレス状態(コントロールの欠如)
- 各レベルのエンパワーメント・アプローチ
- ミクロ:自分のために個人及びコミュニティの様々な資源の活用(責任感、成功体験)
- メゾ:集団意識と参加の促進、共同の力と構造的な変革の必要性の認識⇒Wr含む協働
- マクロ:大規模の組織・制度的な変革、権力と資源の再配分、アドボカシー団体との連携

介入③

概念的スキル
- Ctの文化と独自性に合わせて様々な手法のミックス
- 伝統的な対処法の取り入れ
- 解決中心アプローチ:問題の加減が変化する中で、悪い状態(谷)よりも良い状態(山)に注目(言語)

付録

介入④

人格的スキル
- Ctと環境の両方の変化が必要のため、心配
- 動機づけ：選択の力の保障
- Ctが置かれている社会文化的な文脈において、決めた介入が意味することの理解

例：「抵抗感」（措置）
- 関係構築、共感、肯定的な評価
- 好奇心の刺激

介入⑤

例：「沈黙」（とにかく恐れない！）
- 文化的な規範など、様々な原因があり得る
- しかし、逆にCt自身が恐れる可能性もあり
- 文化にも左右される沈黙の意味を推測

例：「ドタキャン」
- マイノリティのCtの場合は、差別的な歴史をもつ体制・制度と、それを代表するWrに対する不信感・失望

介入⑥

- 信頼は時間が必要、評判が重要
- 例えば、コミュニティのキーパーソンの紹介
- 第一印象が大切
- 短期的で、具体的な成果による動機づけ
- WrがCtを追う仕組みを作らせない（メモ）
- 周縁化されているCtの場合は実質的な問題
- アクセスなどのロジスティックを考える

評価①

- Ctにとって大変な（自立への）移行期
- Wrとの大切な援助関係が終了
1. 継続的なサポートネットワーク（家族、友人、文化的コミュニティの資源、他機関など）
2. 問題の状況と援助過程上の成長の振り返り
3. 設定・合意した目標・成果の達成度の確認
4. フォローアップ計画（定期的な電話などの再チェックが徐々に消えていく形）
- 文化によるお別れの仕方

評価②

概念的スキル
- 組織データ、研究を基にドロップアウト率や早期終結率とその原因の把握

人格的スキル
- 様々なWr感情
- ケースロードなどの負担による限界

付録

257

6―1 介入後測定の調査票

研修後記入シート
研修前の振り返りと研修内容の感想

　研修後に改めて考えた上で，同じ質問項目について，次の二点も教えて下さい。

A）現在の終了後の気持ちを基に，研修前に自分がもっていた文化的な対応能力の各要素のレベルを質問項目毎に1〜4まで評価してください。

1＝あてはまらなかった　2＝あまりあてはまらなかった　3＝ややあてはまった
4＝あてはまった

B）研修内容において，文化的な対応能力の各要素がカバーされたレベルを質問項目毎に1〜4まで評価してください。

1＝カバーされなかった　2＝あまりカバーされなかった　3＝ややカバーされた
4＝カバーされた

付録

A）とB）について，以下の表を記入して下さい。「1〜4」の中から，各欄に適切な番号を書いて下さい。

項目	A) 研修前 の自分	B) 内容が カバー
Ⅰ．文化的な認識		
1.		
2.		
3.		
4.		
Ⅱ．知識の習得		
5.		
6.		
7.		
8.		
9.		

項目	A) 研修前 の自分	B) 内容が カバー
Ⅲ．スキルの向上		
10.		
11.		
12.		
13.		
14.		
15.		
16.		
17.		
18.		
19.		

項目	A) 研修前 の自分	B) 内容が カバー
20.		
21.		
22.		
23.		
24.		

付録

あとがき

　グローバル化と少子高齢化の影響の下で，日本社会は今後もますます文化的に多様化していくでしょう。労働力としての移民受け入れの可能性に加え，国際結婚などの入国管理がより難しい家族移住もこれから続くでしょう。

　しかし，文化的に多様な人々は単なる「人材」ではなく，一日において8時間の仕事を終えれば，16時間は普通の生活者です。文化的に適切な社会サービスへのアクセスが保障されなければ，様々な問題を抱えるのは当然です。第1章でみてきたような周縁化を見過ごしてしまえば，必ず統合政策よりも高くつく社会的なコストを伴います。社会保障費の増加，社会的な格差の拡大と社会秩序の不安定化，極右勢力によるヘイトスピーチやヘイトクライムなど，日本社会全体に影響を与えかねません。

　そして，このような直接なソーシャルコストの他に，特に第二世代について，人的資源の浪費の問題も考えなければなりません。文化的に適切なインクルーシヴ教育を行えば，立派なバイリンガル人材が自然に育つはずです。残念ながら，第1章で浮き彫りになった現状では，世代間の負の連鎖を思わせる現象が起きており，むしろセミリンガル（semi-lingual）の世代，つまり継承語と日本語のどれも充分に身についていない限定的な言語能力，よって限定的なキャリアチャンスしかもてない文化的に多様なルーツの若者もいると認めざるを得ません。

　ソーシャルワークは，活動の幅が最も広い対人援助専門職として，このような周縁化の問題に取り組むことで，文化的に多様な人々の社会的な統合に大いに貢献できる重要な力を秘めています。但し，そのために文化的な力量をもった専門的な実践が強く求められています。そして，最高水準の異文化間実践に従事できる専門職人材の育成に向けて，本書で目指した文化的な力量に関する専門的な教育プログラムが欠かせません。

"If we cannot end now our differences, at least we can help make the world safe for diversity."

J.F.Kennedy

お互いの違いを今すぐなくせないにしても，少なくとも多様性を認める世界を作るための貢献はできるはずだ。

J.F.ケネディ

【著者紹介】

Virág Viktor（ヴィラーグ ヴィクトル）

　ハンガリーのブダペスト出身。2002年に初来日。2008年に東京大学文学部社会学専修課程を卒業（文学学士）。日本社会事業大学大学院社会福祉学研究科博士前期及び後期課程を修了（社会福祉学修士，社会福祉学博士）。同大学社会事業研究所共同研究員，東京外国語大学多言語・多文化教育研究センター・フェロー，日本学術振興会特別研究員，日本社会福祉教育学校連盟事務局国際担当，国際ソーシャルワーカー連盟（IFSW）アジア太平洋地域会長特別補佐，日本ソーシャルワーカー連盟（旧社会福祉専門職団体協議会）国際委員を経験。上智社会福祉専門学校，昭和女子大学，法政大学，上智大学，首都大学東京において非常勤講師を経て，2017年に長崎国際大学人間社会学部社会福祉学科講師となる。同年から，日本ソーシャルワーク教育学校連盟国際関係委員，アジア太平洋ソーシャルワーク教育連盟（APASWE）理事。

　研究は，文化・民族的マイノリティとセクシュアル・マイノリティの福祉が中心。近年は，特に先住民族，とりわけ日本のアイヌ，また「異性愛者の男女」という二分法的な枠組みに当てはまらないLGBTQ等に関心がある。このような人間の多様性（human diversity）に対応できる社会福祉専門職の感受性（sensitivity）と力量（competence）の向上を目指して，主に多様な文化・民族や性に配慮したソーシャルワーク実践及び教育に関する理論と，国内外のグッド・プラクティスの事例や政策・制度について調査研究に従事。

多様性時代のソーシャルワーク
─外国人等支援の専門職教育プログラム

2018年9月10日　発行

著　者　ヴィラーグ ヴィクトル

発行者　荘村明彦

発行所　中央法規出版株式会社
　　　　〒110-0016　東京都台東区台東 3-29-1　中央法規ビル
　　　　営　　業：TEL 03（3834）5817　FAX 03（3837）8037
　　　　書店窓口：TEL 03（3834）5815　FAX 03（3837）8035
　　　　編　　集：TEL 03（3834）5812　FAX 03（3837）8032
　　　　https://www.chuohoki.co.jp/

印刷所　株式会社アルキャスト

定価はカバーに表示してあります。

ISBN978-4-8058-5743-4

本書のコピー，スキャン，デジタル化等の無断複製は，著作権法上での例外を除き禁じられています。また，本書を代行業者等の第三者に依頼してコピー，スキャン，デジタル化することは，たとえ個人や家庭内での利用であっても著作権法違反です。

落丁本・乱丁本はお取り替えいたします。